职业院校
思想政治理论课
实践教学研究

ZHIYE YUANXIAO SIXIANG ZHENGZHI LILUN KE
SHIJIAN JIAOXUE YANJIU

王小卫 主编

·广州·

版权所有　翻印必究

图书在版编目（CIP）数据

职业院校思想政治理论课实践教学研究/王小卫主编. —广州：中山大学出版社，2021.12
ISBN 978-7-306-07357-0

Ⅰ. ①职… Ⅱ. ①王… Ⅲ. ①职业教育—思想政治教育—研究—中国　Ⅳ. ①G711

中国版本图书馆 CIP 数据核字（2021）第 249743 号

出　版　人：	王天琪
策划编辑：	金继伟
责任编辑：	麦晓慧
封面设计：	曾　婷
责任校对：	袁双艳
责任技编：	靳晓虹
出版发行：	中山大学出版社
电　　话：	编辑部 020-84110283，84113349，84111997，84110779，84110776
	发行部 020-84111998，84111981，84111160
地　　址：	广州市新港西路 135 号
邮　　编：	510275　　传　真：020-84036565
网　　址：	http://www.zsup.com.cn
	E-mail:zdcbs@mail.sysu.edu.cn
印　刷　者：	佛山市浩文彩色印刷有限公司
规　　格：	880mm×1230mm　1/32　7.875 印张　160 千字
版次印次：	2021 年 12 月第 1 版　2021 年 12 月第 1 次印刷
定　　价：	48.00 元

如发现本书因印装质量影响阅读，请与出版社发行部联系调换

目　录

导　论 ……………………………………………………… 1
　一、本书研究的背景和意义 ………………………………… 1
　二、本书研究的对象和主要内容 …………………………… 4
　三、本书研究的方法和步骤 ………………………………… 7
**第一章　我国职业院校思想政治理论课实践教学的
　　　　　现状** …………………………………………… 10
　一、我国职业院校思想政治理论课实践教学的
　　　基本情况 ………………………………………………… 10
　二、我国职业院校思想政治理论课实践教学呈现的
　　　特点 ……………………………………………………… 15
　三、我国职业院校思想政治理论课实践教学存在的
　　　主要问题 ………………………………………………… 20
第二章　职业院校思想政治理论课实践教学概述 ……… 27
　一、职业院校思想政治理论课实践教学的含义 ………… 27
　二、职业院校思想政治理论课实践教学的功能 ………… 31
　三、职业院校思想政治理论课实践教学的特点 ………… 36
**第三章　影响职业院校思想政治理论课实践教学的
　　　　　因素** …………………………………………… 41
　一、影响职业院校思想政治理论课实践教学的
　　　政策因素 ………………………………………………… 41

二、影响职业院校思想政治理论课实践教学的
　　　　制度因素 ………………………………… 46
　　三、影响职业院校思想政治理论课实践教学的
　　　　环境因素 ………………………………… 51
第四章　职业院校思想政治理论课实践教学模式 …… 57
　　一、思想政治理论课实践教学的基本目标 ………… 57
　　二、思想政治理论课实践教学模式构建的
　　　　基本原则 ………………………………… 62
　　三、思想政治理论课实践教学模式的基本
　　　　框架 ……………………………………… 65
第五章　职业院校思想政治理论课实践教学方法 …… 74
　　一、坚持实践教学与理论教学相结合的基本
　　　　指导思想 ………………………………… 74
　　二、职业院校思想政治理论课实践教学的方法
　　　　类型 ……………………………………… 82
　　三、几种主要的思想政治理论课实践教学方法 …… 85
　　四、红色资源在思想政治理论课实践教学中的
　　　　运用 ……………………………………… 92
　　五、思想政治理论课实践教学成果展示及其意义 … 99
第六章　职业院校思想政治理论课实践教学环境 …… 111
　　一、大力加强校内思想政治理论课实践教学
　　　　基地建设 ………………………………… 111
　　二、有效提升职业院校校外实践教学环境利用 …… 119
　　三、与行业企业协同创新开展实践教学 …………… 132
　　四、构建学校、政府、企业、社会组织、家庭
　　　　一体化的实践教学环境 ………………… 137

第七章　职业院校思想政治理论课实践教学效果评价机制 ……………………………………… 141
　一、思想政治理论课实践教学效果评价的指标体系 ……………………………………………………… 141
　二、思想政治理论课实践教学效果评价的方法 ……………………………………………………… 150
　三、思想政治理论课实践教学效果评价的相关机制 ……………………………………………………… 159

附录1："职业院校思想政治理论课实践教学研究"问卷调查报告 ……………………… 164
　一、调查的基本信息 …………………………… 165
　二、调查内容与结果分析 ……………………… 165
　三、问卷调查的基本结论 ……………………… 178
　四、意见和建议 ………………………………… 180

附录2："职业院校思想政治理论课实践教学研究"调查问卷（学生卷）及统计结果 ……… 187
　一、调查问卷 …………………………………… 187
　二、统计结果 …………………………………… 194

附录3："职业院校思想政治理论课实践教学研究"调查问卷（教师卷）及统计结果 ……… 212
　一、调查问卷 …………………………………… 212
　二、统计结果 …………………………………… 220

参考文献 ………………………………………… 240
后　记 …………………………………………… 243

导　　论

一、本书研究的背景和意义

（一）本书研究的背景

思想政治理论课作为以培养大学生思想政治素养和道德法律素质为宗旨的关键课程，其最根本的任务是通过对大学生开展专业系统的思想道德教育和法治意识教育，通过学生对马克思主义基本原理和以习近平新时代中国特色社会主义思想为核心的中国特色社会主义理论体系的学习，帮助学生树立正确的世界观、人生观和价值观，引导学生科学地进行人生实践，从而实现思想政治理论课立德树人、铸魂育人的目标，完成思想政治理论课"为谁培养人、培养什么人、怎样培养人"的重要使命。与其他理论课程相比，思想政治理论课的学习特别要强调知行合一、学做结合、理论与实践相统一。主要原因有三点。

首先，从马克思主义的基本观点来看，人类一切思想观念的形成都是一定历史条件的产物，都产生于具体的实践并在实践中完善和发展，一切理论问题归根结底都是实践的问题。思想政治理论课涵盖的所有问题都源自中国特色社会主义道路发展过程的实践探索和大学生成长成才规律的客观要求，都是建立在解决国家、社会、个人发展过程中面临的实际问题基础上的理性思考和理论总结。因此，思想政治理论课教育教学不能脱离时代坐标、社会发展和学生成长的具体实际，不能坐以论道、泛泛而谈。

其次，从思想政治理论课教育教学的内在规律来看，思想政治理论课教育教学是通过教育者和受教育者有目的、有计划、有组织的教学活动帮助受教育者实现思想与行为之间内外化转变的过程。通过内化，受教育者在教育者的帮助下将理论知识转化为自身思想观念、道德情感、理想信念和意志品质；通过外化，受教育者将通过内化产生于自身的思想观念、道德情感、理想信念和意志品质转化为个人的日常行为和习惯。而实现这一内外化转变的媒介就是实践。思想政治理论课实践教学就是帮助实现这一内外化转变的必要途径和有效方式。因此，在思想政治理论课中开展实践教学是由思想政治理论课的内在本质决定的，是思想政治理论课的内在要求和应有之义。

最后，从职业院校的性质来看，高等职业院校是以培养适应生产、建设、管理、服务一线的高素质技能型人才为根本任务的学校，因而高等职业教育是以培养学生技术应用能力为核心的教育体系。高等职业教育的性质决定了高等职业教育应更加注重学生实践动手能力和技术应用能力的培养和训练。因此，高等职业院校在课程体系构建、教学内容设计、教学方法应用、教学效果考核等方面更加注重针对性、应用性和实践性，实践课程和实践教学成为高等职业教育的主要表现形式。思想政治理论课作为高等职业院校的公共必修课，也要顺应高等职业教育的特点和规律，更加强调思想政治理论课程和专业课程的互通互融,更加突出实践教学的设计和应用,走一条彰显职业教育特色的思想政治理论课实践教学道路。

当前,伴随着我国市场经济深入推进对技术应用型人才需求的增长以及高等教育教学理念的发展,职业院校思想政治理论课实践教学越来越受到国家教育行政管理部门和职业院校的重视。教育部于2015年制定和颁布了《高等学校思想政治理论课建设标准》,对思想政治理论课实践教学的学时、学分、教学管理、实践教学基地建设等做出了具体要求,为职业院校开展思想政治理论课实践教学提供了政策依据和建设标准。2018年教育部又颁发了《新时代高校思想政治理论课教学工作基本要求》,进一步强化了对思想政治理论课教学的具体要求,再一次深化了思想政治理论课实践教学的内涵,提出了制定实践教学大纲、整合实践教学资源、拓展实践教学形式、注重实践教学效果的要求,为职业院校加强和实施思想政治理论课实践教学提供了基本指导原则。习近平总书记也多次强调,办好思想政治理论课,必须坚持把握师生思想特点和发展需求,不断增强思想政治理论课的思想性、理论性和亲和力、针对性。要做到"八个相统一":政治性和学理性相统一、价值性和知识性相统一、建设性和批判性相统一、理论性和实践性相统一、统一性和多样性相统一、主导性和主体性相统一、灌输性和启发性相统一、显性教育和隐性教育相统一。要重视思想政治理论课的实践性,把思政小课堂同社会大课堂结合起来,教育引导学生积极开展人生实践。这些论述为职业院校思想政治理论课实践教学提供了重要的思想引领和方法指导。

（二）本书研究的意义

本书研究的意义主要体现在两个方面：一是通过整体和系统性研究，深入挖掘和分析我国职业院校思想政治理论课实践教学在影响制约因素、体系模式构建、教学方式方法、实践环境建设、评价体系设立等方面存在和面临的突出问题以及问题产生的原因，帮助人们更加清楚地认识思想政治理论课实践教学的性质与规律、矛盾与需求，建立科学的思想政治理论课实践教学观念，为职业院校更好地开展实践教学改革提供思想指导和理论依据。二是通过对我国职业院校开展思想政治理论课实践教学的实践探索进行总结，对那些成熟有效或者具有普遍适用性的好的经验进行归纳和总结，形成方法引领。同时，针对当前职业院校在实践教学具体实施过程中存在的突出矛盾和问题，提出具有一定参考价值的解决方案和办法，从而为职业院校思想政治理论课实践教学在实践层面更好地发展提供指引和借鉴。

二、本书研究的对象和主要内容

（一）本书研究的对象

本书研究的对象为职业院校思想政治理论课实践教学的组织、开展和实施过程。主要研究职业院校思想政治理论课在组织、开展和实施实践教学过程中产生的现象、面临的问题、存在的困难以及面对这些现象、问题和困难时相应的解决方案。宏观层面上主要研究影响和制约职业院校思想政治理论课实践教学开展的因素和要素,以及职业院校思想政治理论课实践教学自身的规律和特点。例如,国家政策、学校重视程度以及社会环境对实践教学的影响状况,实践教学的制度机制和保障体制建设对实践教学的影响状况,职业院校实践教学的特殊需求和自身优势等。微观层面上主要研究职业院校思想政治理论课实践教学的具体组织、实施和开展过程。例如,实践教学模式的搭建、实践教学方式方法的创新、校内外实践教学基地的建设和利用,思想政治理论课与专业课程、学校与企业、学校与社会在实践教学上的同向同行、协同发展等。

(二) 本书研究的主要内容

本书的研究主要分为六个部分。第一部分从提纲挈领的角度,对我国职业院校思想政治理论课实践教学的现状进行研究,通过在全国范围开展广泛的调查和研究,对我国职业院校思想政治理论课实践教学的基本情况进行摸底,了解我国职业院校思想政治理论课实践教学开展的基本情况,学校的重视程度,当前我国职业院校思想政治理论课实践教学呈现出哪些特点,实践教学中还存在哪些问题,等等。从第二部分起,对我国职业院校思想政治理论课实践教学开展进行分项研究。第二部分对影响职业院校思想政治理论课实践教学的因素进行研究,研究的内容主要包括影响职业院校思想政治理论课实践教学的政策因素、制度因素、环境因素以及方法因素。例如,实践教学如何受政策因素影响,政策是怎样影响实践教学开展的,制度对实践教学的规范和保障作用是怎样的,实践教学环境建设对实践教学的开展起到怎样的促进和保障作用，实践教学的方法运用对实践教学的目标实现和效果影响是怎样的，等等。第三部分对职业院校思想政治理论课实践教学的模式进行研究，研究的内容主要包括如何设定职业院校思想政治理论课实践教学的教育教学目标，如何结合职业院校的特点和规律构建科学有效的实践教学模式。第四部分对职业院校思想政治理论课实践教学的方法进行研究，研究的内容主要包括在开展思想政治理论课实践教学过程中，如何做到理论与实践相统一，实现理论教学与实践教学的有机结合，思想政治理论课实践教学如何与专业课程教学相结合，同向同行、形成合力，思想政治理论课实践教学方法的运用以及教学方法的改革与创新，等等。第五部分对职业院校思想政治理论课实践教学的环境建设进行研究，研究的内容主要包括如何发挥校内外实践教学基地的功能作用，怎样加强实践教学基地建设，如何利用实践教学基地开展教学，探讨与行业企业协同创新开展实践教学的方式方法以及加强学校、企业、社会组织、家庭一体化实践教学环境构建的路径与方法，等等。第六部分对职业院校思想政治理论课实践教学效果考评机制进行研究，研究的主要内容包括思想政治理论课实践教学考评机制的设立，即如何设定考评标准，如何建立考评指标体系，考评的方式方法有哪些，效度如何，等等。

三、本书研究的方法和步骤

(一) 本书研究的方法

本书主要采用四种研究方法。一是系统性研究方法。把思想政治理论课实践教学当作一个系统来研究,既研究思想政治理论课实践教学内部各环节和要素之间的联系,如教学体制机制建设、教学管理、教学模式、教学方式方法、教学环境建设、教学效果评估等,也研究思想政治理论课实践教学与外部要素之间的联系,如思想政治理论课实践教学与专业课教学(思想政治理论课程与课程思政)协同育人的关系,思想政治理论课实践教学与行业企业、社会、家庭之间协同育人的关系,还深入研究思想政治理论课教育实践性涉及的各要素如思想要素、体制要素、方法要素、环境要素等,在实现思想政治理论课教育实践性中的地位和作用及其相互关系。二是问卷调查法。由于本书研究涉及全国范围内的职业院校思想政治理论课实践教学的情况,需要建立在实证研究的基础上,因此,问卷调查是本书研究的重要方式。项目组依托问卷星调查平台,对全国职业院校的思想政治理论课实践教学的开展情况进行了大范围的调查,取得了较为丰富和有效的数据,为本书研究的顺利开展提供了保障。三是实地考察法。为了掌握职业院校思想政治理论课实践教学的第一手材料,了解我国职业院校开展思想政治理论课实践教学的经验和方法,项目组深入探究多所职业院校,通过实地考察、参观浏览、座谈交流等方式进行观测和研究,取得了良好的研究效果。四是归纳总结法。项目组运用一般—特殊——般的归纳总结法，首先从实践教学这一基本概念出发，在实证研究的基础上，经过对全国职业院校思想政治理论课实践教学的系统研究，提炼出关于职业院校思想政治理论课实践教学的相关结论和解决问题的方法和思路，最终完成项目拟定的目标和任务。

（二）本书研究的步骤

为了更好地了解我国职业院校思想政治理论课实践教学的开展情况，推动和改善职业院校思想政治理论课实践教学的工作质量，创新思想政治理论课实践教学的工作方法和思路，项目组通过问卷星调查平台于2019年3—9月开展了为期半年的题为"职业院校思想政治理论课实践教学研究"的线上问卷调查，调查内容涉及对实践教学的观念认知、实践教学的模式方法、实践教学的环境建设、实践教学的效果评价等多个方面，调查范围覆盖了我国华南、华北、华东、华中、西北、西南、东北超过50所本科和高职高专学校的教师和学生，参与调查的人员达到2675人。其中，教师263人，三年制高职和大专学生2189人，四年制本科学生223人。

本书的研究经过了四个环节。一是调查研究环节。项目组从2017年年底至2019年用了近两年时间对全国范围内超过50所职业院校的思想政治理论课实践教学开展情况进行了问卷调查和对超过50所院校进行现场调研，又通过实际走访、参观考察、座谈交流等方式对广东部分职业院校思想政治理论课实践教学的开展情况进行了调研，取得了较为翔实的第一手材料,并通过对材料的分类整理,获取了本书研究需要的数据。二是数据整理和分析环节。项目组通过对数据的分类、整理、比对和分析,得出了开展研究的主要数据、依据。三是理论研究环节。依据项目调查取得的数据,结合项目研究的目标和任务,项目组通过认真细致的分析和研究,总结了我国职业院校思想政治理论课实践教学的基本情况、实践经验和主要特色,指出了职业院校思想政治理论课实践教学中存在的主要问题并剖析了原因,并提出了加强和改进职业院校思想政治理论课实践教学的意见和建议。四是研究成果汇总和总结环节。为了让项目研究成果能够更好地呈现与便于推广,项目组完成了题为"我国职业院校思想政治理论课实践教学研究"的综合性项目研究报告,撰写了"职业院校思想政治理论课实践教学研究问卷调查报告",完成了以研究内容为主题的《职业院校思想政治理论课实践教学研究》学术著作1部,并在各类期刊公开发表了相关论文数篇。

第一章 我国职业院校思想政治理论课实践教学的现状

思想政治理论课实践教学不仅仅是思想政治理论课的教育教学手段，更是思想政治理论课教育渗透力和效果影响力的重要表现形式，在全方位育人的过程中具有不可替代的关键作用。长期以来，特别是习近平总书记在学校思想政治理论课教师座谈会发表重要讲话以来，我国职业院校结合自己的地域优势、行业背景、办学特点、专业特色等，开展了既丰富多样、多渠道、多元化，又能反映时代特色的思想政治理论课实践教学探索，取得了丰富并且显著的教育教学成果和效果，顺应了思想政治理论课理论与实践相统一、知行合一的教育教学规律，实现了思想政治理论课立德树人的教育教学目标，达到了中央和教育部关于思想政治理论课实践教学的规范要求，推动了思想政治理论课高质量发展。

一、我国职业院校思想政治理论课实践教学的基本情况

（一）实践教学受重视程度高

全国范围的问卷调查和多途径的考察调研显示，我国职业院校对于思想政治理论课实践教学的重视程度比较高。各

职业院校均能够深入贯彻和落实习近平总书记在全国高校思想政治工作会议上和学校思想政治理论课教师座谈会上的讲话精神，充分认识和理解思想政治理论课是落实立德树人根本任务的关键课程的重要意义；能够充分认识思想政治理论课实践教学的重要性，在思想政治理论课实践教学的管理、组织和建设中，能够按照中央和教育部的相关要求，加强对实践教学的组织管理，认真开展各种形式的实践教学活动，坚持实践教学与理论教学的有机结合，注重实践教学的方式方法创新，重视实践教学的基地建设。实践教学课程覆盖面广、学生参与度高，师生对实践教学的作用和效果总体认可度良好。

（二）实践教学管理比较规范

调查显示，我国职业院校基本都能按照教育部颁发的《高等学校思想政治理论课建设标准》（2015年）、《高等学校马克思主义学院建设标准（2017年）》及《新时代职业院校思想政治理论课教学工作基本要求》（2018年）等文件的规定和要求开展实践教学，从课程设置、学时学分设定、教学组织和安排、教学检查和监督、课程考核等方面对思想政治理论课实践教学进行规范有效的管理，基本做到了实践教学纳入教学计划、实践教学有学时学分保障、实践教学覆盖思想政治理论课的全部课程和全体学生。但在具体做法上，各校又有差异化的处理与安排。实践教学设置的形式有三种：第一种是按课程划分，各门课均开展针对本课程的实践教学，实践教学学分单列；第二种也是按课程划分，各门课分别开展实践教学，但采取理论与实践一体化教学模式，实践教学学分不单列；第三种是将实践教学从思想政治理论课各课程中分离出来，形成一门与理论课并行的独立的思想政治理论课实践课程，对实践课程实行独立规划、独立管理、独立实施、独立考核。以上三种形式都较好地保障了思想政治理论课实践教学的实施和开展，取得了积极的效果。但从实施的效果来看，实践教学形成独立课程的做法因为保障程度高，更利于实践教学的组织、落实和管理；而实践教学学时学分不单列的做法，则更能有效地突出思想政治理论课理论教学与实践教学一体的课程特点，更有利于实现理论教学与实践教学的有机结合，更有利于达到促进学生知行统一的教育要求。

（三）实践教学内容丰富，形式多样

伴随着学校以及教师、学生对思想政治理论课实践教学重要性的认识不断提升，我国职业院校思想政治理论课实践教学探索的内涵也在不断深化。实践教学的内容越来越丰富，形式越来越多样，手段和方法也越来越创新。从实践教学涵盖的内容来看，有爱国主义教育、理想信念教育、道德教育、法制教育，有习近平新时代中国特色社会主义思想学习宣贯活动，有改革创新实践活动，有历史文化教育、时事政策教育，有志愿者活动、生态环保实践活动，等等。从实践教学的形式来看，有参观考察，有志愿活动，有寒暑假社会实践活动，有大规模社会调查活动，有主题调研活动，有校内外思想政治理论课实践教学基地主题实践活动，有校园文化艺术活动，有第二课堂学生社团活动，有以学生为主体的讨论、辩论、演讲比赛、角色扮演等课堂实践活动，等

等。这些形式多样的实践教学活动的广泛开展,得到了广大青年学生的喜爱并积极参与,取得了良好的教育教学效果。

随着网络信息技术和虚拟现实技术的发展,使用与数字、网络相关的现代教育技术开展的思想政治理论课实践教学活动也越来越多。使用网络平台开展的网上调查和网上知识竞赛,使用虚拟现实技术进行的情景模拟、史实还原的实践教学,使用多媒体网络信息技术开展的互动游戏类实践教学,使用抖音、快手、腾讯视频号等短视频分享软件开展的实践教学以及实践教学成果展示,都成了常见的实践教学形式。思想政治理论课实践教学形式的创新,拓宽了实践教学载体,丰富了实践教学内容,调动了学生的学习热情,激发了学生参与实践教学的想象力和创造力。

(四) 实践教学环境良好,教学效果显著

目前,我国职业院校思想政治理论课实践教学环境主要有六大类:一是校外爱国主义和人文素质教育公共资源,二是学校与社会组织共建的校外爱国主义和人文素质教育基地,三是校内思想政治理论课实践教学基地,四是校园和课堂,五是专业课实习实训基地,六是社会企业、事业单位和组织。从网络问卷调查的结果来看,在以上各类实践教学环境中,师生对校内思想政治理论课实践教学基地和校外爱国主义、人文素质教育基地教学环境的教学效果的认可度最高,普遍认为这两类实践教学环境作用显著、教学效果良好。其次是校园和课堂、专业课实习实训基地,行业企业、事业单位和其他社会组织得到的认可度最低。超过八成的教师和学生对加强校内多功能思想政治理论课实践教学基地建设持支持和肯定的态度。这些情况说明，利用校外环境和资源开展实践教学依然是职业院校思想政治理论课实践教学的主要途径，校内多功能思想政治理论课实践教学基地因其便利性、实用性、先进性等特点，是开展思想政治理论课实践教学的重要场所，校园环境资源和第二课堂实践是实践教学的重要载体，课堂实践教学是思想政治理论课实践教学的基本方式，行业企业、事业单位、社会组织参与学校思想政治理论课实践教学，与学校共建共享实践教学资源仍然是思想政治理论课实践教学的弱势和短板，需要不断地推进和突破。

（五）保障机制已经建立但不健全

思想政治理论课实践教学的顺利开展，需要在领导体制、课程管理、工作机制、师资运用、经费保障等多方面统筹安排，形成合力。从对教师开展的网络调查结果可以看出，我国职业院校实践教学在活动经费、教师课酬、工作协调管理等方面均建立了相应的保障机制，教学活动开展的情况总体良好，但仍存在保障机制不健全、保障措施不到位、保障水平参差不齐的情况。在管理体制上，有的学校没有将思想政治理论课实践教学纳入教学计划，不核定课时；有的学校不给教师核算实践教学课酬；有的学校没有用于实践教学的专项经费。在工作机制上，由于存在对学生的多头管理以及缺乏思想政治理论课教学管理部门与学生管理部门、团委、二级学院之间的工作联动机制，从而造成各部门工作经常出现相互牵制、相互扯皮、配合度不高，以及学生实践活动在主题、内容、形式上交叉重叠、资源浪费的突出问题。

二、我国职业院校思想政治理论课实践教学呈现的特点

通过长期的实践探索,我国职业院校围绕思想政治理论课立德树人的根本目标,坚持以习近平总书记对思想政治理论课提出的"八个相统一"思想为指导,在实践教学中坚决贯彻理论性与实践性相统一、主导性和主体性相统一、显性教育与隐性教育相统一等原则,充分挖掘各自的行业优势、专业优势、地域优势、校际资源优势,形成了一系列价值导向突出、特色鲜明、效果显著的思想政治理论课实践教学模式和方法,彰显了思想政治理论课实践教学的育人价值和时代价值。

(一) 教学目标彰显"育""化"功能

随着人们对教育教学规律和学生成长成才规律的认识的不断深化,实践教学已经不再单纯地被看作为一种教学方法,而是被视为一种现代教育理念存在于学校教育活动当中,与理论教学一样成为教学方法体系中同等重要的组成部分。实践教学与理论教学关系密切,不可割裂。双方"互释"——相互验证、相互解释,"互融"——你中有我、我中有你,"互动"——相互转化、螺旋上升,"互补"——理实一体、知行统一,有机地统一在思想政治理论课的教学体系当中,共同服务于职业教育立德树人的根本目标。如果说,思想政治理论课中的理论教学更多的是体现思想政治教育外部灌输功能的话,思想政治理论课中的实践教学则更多

地体现了思想政治教育内在"育""化"功能。教师通过实践教学活动设计，将思想政治理论课的教育教学目标贯穿于学生的自主活动中，学生通过自我学习、自我体验、自我吸收、自我消化的方式将教学内容转化为个体的知识、认知和能力，再通过行为外化出来，从而达到思想政治理论课实践教学的目的。实践教学不仅仅是方法和手段，也是教育的目的和过程。

（二）内容体系突出价值导向

我国职业院校实践教学围绕立德树人这一根本任务，以培养德智体美劳全面发展的社会主义事业建设者和接班人这一根本目标构建实践教学的内容体系，形成了以习近平新时代中国特色社会主义思想为引领，以社会主义核心价值观教育为核心，以理想信念教育、道德法律教育为基本内容，以历史文化教育为底色，以职业创新教育为特色的实践教学内容体系。各种形式的习近平新时代中国特色社会主义思想宣贯活动，如社会主义核心价值观教育宣贯活动，红色资源融入思想政治理论课而开展的党史、国史、改革开放史和社会主义发展史教学活动，优秀传统文化学习教育活动，法治宣传教育活动，生态环保实践活动，时事政策宣讲活动，抗疫英雄事迹宣讲活动，等等，内容丰富，形式多样，贴近时代、贴近实际、贴近生活，坚持了中国特色社会主义道路的正确方向，体现了社会主义核心价值观的基本要求，传承了中华优秀传统文化和先进红色文化，反映了改革创新、与时俱进的时代风貌，彰显了思想政治理论课的价值导向。

（三）教学方法体系立体多元

经过长期的实践探索，职业院校在思想政治理论课实践教学方法上积累了丰富的经验，形成了立体多元的实践教学方法体系。从空间维度看，有校内实践教学与校外实践教学；从时间维度看，有课内实践教学与课外实践教学；从规模维度看，有大规模社会实践教学与小型个体实践教学；从场域维度看，有课堂实践教学、校园第二课堂实践教学与思想政治理论课实践教学基地实践教学；从参与主体看，有学校师生参与的实践教学，学校与行业企业共同参与的实践教学，学校、家庭、社会共同参与的实践教学；从活动形式看，有参观考察、社会调查、讨论辩论、模拟实验、文化活动、志愿服务等各种形式的实践教学。各种教学方式针对性强、交互使用、扬长补短，有效拓展了思想政治理论课的教学内容，强化了思想政治理论课的教育功能与教学效果，提升了思想政治理论课的教育教学质量。

（四）内容设计融合职业特色

围绕职业能力培养开展专业教育是我国职业教育的底色，坚持思想政治理论课教学与职业特色融合是职业院校思想政治理论课实践教学的重要原则，也是我国职业院校思想政治理论课实践教学的特色。在长期的思想政治理论课教学实践中，各职业院校都对照自己的人才培养目标摸索出了具有自身职业特点的思想政治理论课实践教学模式。例如，民航院校注重"忠诚担当的政治品格、严谨科学的专业精神、团结协作的工作作风、敬业奉献的职业操守"的当代民航精神以及"敬畏生命、敬畏规章、敬畏职责"的"三个敬畏"意识教育;铁路院校注重党史、国史、铁路发展史教育,民族精神与铁路精神教育,标准化与规范化意识教育以及职业安全意识教育;中医药院校注重中医药精神文化即"体现在中医药的本体观、价值观、道德观和思维方式"[①]的教育;医科院校注重职业伦理教育、法律规范意识教育,以及"世界观与哲学观,医学与哲学的融合,医患矛盾社会根源研究,社会主义核心价值观的历史演变"[②]等意识形态与医学人文精神结合的教育;金融和经济管理类院校注重守法意识教育、诚信意识教育以及契约精神教育;等等。这些实践活动设计充分体现了职业院校思想政治理论课实践教学在科学性与政治性、专业性与思想性、理论性与实践性上的有效融合,既遵循了思想政治理论课实践教学的规律和要求,又彰显了职业教育的特色。

(五)品牌建设成效显著

伴随思想政治理论课实践教学经验的积累,我国职业院校更加注重思想政治理论课实践教学品牌的建设。许多学校因地制宜,深入发掘内在优势,创建了具有示范引领作用的思想政治理论课实践教学品牌。例如,河南鹤壁职业技术学院建立的"从物化载体,建教学实训平台,开展立体实训;

---

① 牛素珍,牛彦平.中医药文化融入思想政治理论课教学改革探讨[J].河北青年管理干部学院学报,2020,32(6):63.
② 张桂芝,秦国民,尹吉成,等.医学院校思政课实践教学模式探索[J].教书育人(高教论坛),2015(9):100.

创新方法，建项目教学体系，开展情境实训；优化考核，建行业企业实训平台"① 的"两平台、三实训"体验式思想政治理论课实践教学模式，得到了教育部的肯定和推广。其"淇河风思想政治理论课"微信公众平台，被授予"河南省高等学校思想政治工作优秀品牌"荣誉称号。临沂大学实施的红色文化资源库建设工程和沂蒙精神进教材、进课堂、进头脑的"三进工程"，充分挖掘和利用地方红色文化资源特色，开设了"沂蒙文化与沂蒙精神"校本课程，开发了《沂蒙精神大学生读本》《沂蒙文化和沂蒙精神教学案例集》《沂蒙红嫂故事选》《沂蒙革命故事读本》等教学辅导书、工具书和案例集，丰富了思想政治理论课课程资源，拓展了思想政治理论课实践教学的广度和深度，取得了良好的教育教学效果。② 广东轻工职业技术学院开展的"'互联网＋思政'矩阵式协同教育"③ 育人模式，通过信息网络技术平台的升级改造，实现了学生置身教室就能够与社会人士即时对话的要求，为学校、企业、社会开展协同育人搭建了平台。

---

① 张艾青. 立足高职人才培养 深化实践教学改革［J］. 北京教育（德育），2014（1）：12.
② 任庆大，赵长芬，房霞. 传承红色基因 打造育人品牌：临沂大学以红色文化资源铸魂育人纪实［J］. 山东教育（高教），2019（4）：20.
③ 广东轻工职院把思政小课堂同社会大课堂结合起来 画好学生思想成长"同心圆"［N］. 中国教育报，2019－06－25（10）.

三、我国职业院校思想政治理论课实践教学存在的主要问题

虽然我国职业院校思想政治理论课实践教学取得了一定的成绩，但由于实践教学活动不是一个简单的单一要素活动，而是由内外部多种要素共同参与的复杂的系统性活动。实践教学的主体不仅涉及教师、学生，还涉及政府、企事业单位、其他社会组织和家庭。实践教学的空间环境不仅限于学校，还延伸到校园之外的广大社会空间。实践教学的手段不仅限于传统技术手段，还面临新发明创造和新技术应用带来的挑战。实践教学运行的内在复杂性和实践教学对环境条件要求高的特点，都使得我国职业院校思想政治理论课实践教学在教学管理、组织实施等方面仍然存在一定的问题和不足。

（一）需要进一步加强标准化建设

当前我国对思想政治理论课实践教学做出明确规范的文件主要有两个，一个是教育部于2015年颁发的《高等学校思想政治理论课建设标准》，另一个是教育部于2018年颁发的《新时代职业院校思想政治理论课教学工作基本要求》。《高等学校思想政治理论课建设标准》在"教学管理"部分规定，"实践教学纳入教学计划，统筹思想政治理论课各门课的实践教学、落实学分（本科2学分，专科1学分）、教学内容、指导教师和专项经费。实践教学覆盖全体学生，建立相对稳定的校外实践教学基地"。《新时代职业院校思想

政治理论课教学工作基本要求》规定,"从本科思想政治理论课现有学分中划出 2 个学分、从专科思想政治理论课现有学分中划出 1 个学分,开展本专科思想政治理论课实践教学。学生既可通过参加教师统一组织的实践教学获得相应学分,也可通过提交与思想政治理论课学习相关的实践成果申请获得相应学分"。"要制定实践教学大纲,整合实践教学资源,拓展实践教学形式,注重实践教学效果。"虽然两个文件都对实践教学的学分做了相关的规定,对制定实践教学大纲、整合实践教学资源、拓展实践教学形式、注重实践教学效果、开展实践教学基地建设等具体事项都提出了要求,但这些要求基本都属于原则性、建设性要求,而非执行层面、组织落实层面的具体规范要求,缺乏衡量执行情况的量化指标体系。因此,如何将教育部提出的这些标准落实在学校思想政治理论课实践教学的教学管理和教学活动过程中,如何对这些项目进行考评和监督,仍然需要各个学校自行对文件进行解读,并在消化吸收的基础上制定各自的思想政治理论课实践教学管理制度,做出各自的实践教学安排。这就导致各学校在实践教学的管理理念、制度安排、教学模式、方法水平层面呈现出较大的差异,极少数学校甚至出现一定的随意性。

(二) 与学生思想政治工作协同不力问题突出

思想政治理论课实践教学与学生思想政治工作都是对大学生开展思想政治教育的重要渠道,共同承担着立德树人、培育社会主义事业建设者和接班人的重要任务。但因为两者分属不同的工作领域,工作性质不同,双方之间又有着较大的差异，所以两者之间呈现一种既相互联系又相互区别的关系。思想政治理论课实践教学与学生思想政治工作的联系主要表现在三个方面：第一，两者的工作目标一致，都承担着立德树人、为党育人、为国育才的光荣职责和使命。第二，两者的工作对象相同，针对的都是当代青年大学生，面对的都是青年大学生的成长成才、学习生活过程中出现的思想问题、认知问题、行为养成问题的教育。第三，工作内容有交叉，都是以育人为目标、以学生为主体组织开展的思想政治教育相关活动。教育活动的形式也很接近，有利用第二课堂活动开展的教育，有依托校园文化活动开展的教育，有各类型的社会实践活动，等等。思想政治理论课实践教学与学生思想政治工作的区别主要表现在四个方面：第一，两者的管理体制不同。思想政治理论课实践教学隶属于教学管理体系，学生思想政治工作隶属于学生管理工作体系。第二，工作要求不同。思想政治理论课实践教学建立在一套严谨的教学管理规范体系之上，需要通过制定人才培养方案、制定教学标准、制作教案和课件、设计实践教学活动方案、组织落实实践教学活动、实施实践教学课后评价等诸多环节才能完成，学生思想政治工作则更多是通过学生思想工作的开展、心理健康教育、学生活动的组织，以及学生学习、生活、交往过程中遇到的各种具体事务的处理等方式对学生进行思想政治方面的教育。第三，工作方法不同。思想政治理论课实践教学主要是通过课堂实践教学和课外实践教学相结合的方式对学生进行建立在系统的理论知识学习之上的且在一定的理论指导下的思想政治教育教学活动，学生思想政治工作则主要通过宣传动员、谈心谈话、批评教育等方式对学生进行思想政治教育。第四，评价标准不同。思想政治理论课实践教学的评价标准主要是知识、能力、素质三大标准，学生思想政治工作的评价标准主要是认知和行为习惯的养成。

思想政治理论课实践教学与学生思想政治工作之间的这种辩证关系带来了两个突出的问题。一是工作不能统筹协调。由于两者分属不同的管理系统，出于对学生安全管理责任的压力以及业绩考核等自身利益的考虑，思想政治理论课实践教学与学生思想政治工作长期存在各自为政、沟通不良、配合度不高，俗称"两张皮"的现象。二是工作内容重复叠加。由于教育对象和工作目标的一致性，经常会发生思想政治理论课实践教学与学生思想政治工作在活动主题、活动组织形式和活动方法手段上出现交叉和重复的现象，如同一时期对同一对象就同一主题开展同一方式的专题教育活动。虽然这些活动的组织单位不同，可能是思想政治理论课教学管理部门，也可能是学生管理部门或团委，但这些活动无论是内容还是活动形式在本质上并无明显的差异。由于"两张皮"造成的统筹协调不力，其结果一方面造成了大量的人员和资源浪费，另一方面降低了学生接受教育的积极性和热情，进而影响了教育的效果和质量。

（三）与课程思政、行业思政融合不够

思想政治理论课实践教学强调知行合一的教学特点，与职业教育强调工学结合的人才培养模式高度契合。职业教育的特点决定了职业院校思想政治理论课实践教学更应突出专业思政和行业思政的教育教学目标，更应注重思政教育与专业教育的有机融合，更应强调依托专业课程和行业参与，通过课程思政和行业思政同向同行达成思想政治理论课实践教学的育人目标。虽然我国职业院校都有依托行业、校企合作开展人才培养的惯例，但校企合作、产教融合更多地体现在专业课程教学上，行业企业参与学校思想政治理论课教育教学，不论在数量上还是深度上，都距离习近平总书记提出的各类课程同思想政治理论课建设形成协同效应，学校、家庭、社会协同推动思想政治理论课建设，全党全社会关心支持思想政治理论课建设的要求还有较大差距。课程思政建设还处于摸索和起步阶段，还没有形成成熟且规范的模式，课程思政与思想政治理论课程同向同行、协同育人还没有产生卓有成效的示范性成果，行业企业深度参与学校思想政治理论课实践教学活动的模式也未能有效建立，即便有行业企业参与，也往往呈现零零散散、仅有浅层联系的状态，缺乏校企协同育人的制度性安排和规范做法，以及长效保障机制。

（四）教学形式创新面临挑战

思想政治理论课实践教学的形式创新既是新时代思想政治理论课教学质量提升的需要，也是以信息技术、互联网技术、新智能技术为代表的新技术发展所带来的必然要求。当前，实践教学形式创新主要面临两大问题。

一是对传统教学形式的丰富和拓展。为了在原有教育教学成果的基础上深入推动思想政治理论课的发展，进一步提升职业院校思想政治理论课的教学质量，教育部于2017年和2018年分别开展了"职业院校思想政治理论课教学质量年专项工作"和"习近平新时代中国特色社会主义思想领航计划系列主题活动"，全国职业院校积极响应，组织开展了一系列以学生为主体的"大学生讲思想政治理论课"、"我心中的思想政治理论课"微电影、思想政治理论课艺术作品展、思想政治理论课学习之星夏令营等思想政治理论课实践活动,学生参与活动的积极性、主动性得到了很大提升,活动作品的创造性、创新性达到了空前的高度,广大师生创造出了一大批紧跟时代脉搏、弘扬时代价值、反映当代大学生学习生活和精神风貌的优秀作品。这些活动创新了思想政治理论课实践教学的形式,深化了思想政治理论课实践教学的内容,有效激发了学生学习思想政治理论课的积极性和自觉性,提升了学生参与实践教学的主动性,因而取得了良好的教育教学效果。但是,这些活动也存在一些不足之处。比如微电影比赛,微电影制作技术难度大、资金要求高、参与人员有限,学校为了比赛能够取得好的名次往往投入了大量的资金,但其效果却是十分有限的。又比如夏令营活动和部分人员参加的社会实践考察活动,参与人员极其有限,尽管这些活动受到学生们的普遍喜爱,但因为受资金、人员、条件等各种因素限制,覆盖面很小,无法在日常教学中普遍推广,实践教学的效果也是有限的。因此,如何不断创新传统实践教学形式,如何让传统实践教学形式发挥更大的效力,是思想政治理论课实践教学需要思考的问题。

二是如何应对现代科学技术带来的挑战。现代科学技术对思想政治理论课实践教学的挑战主要表现在三个方面:首先,2020年新冠肺炎疫情在全球范围内爆发,促使传统课堂教学被迫从线下走到线上,思想政治理论课实践教学模式也随之经历了一次全方位的锻炼和磨砺,这也为我们提出了一系列需要继续研究和解决的问题,比如,如何进一步强化思想政治理论课实践教学网络课程建设？如何建设、开发思想政治理论课实践教学网络资源库？如何利用网络课程和网络资源开展线上思想政治理论课实践教学？其次，虚拟现实技术应用于思想政治理论课实践教学的问题。虚拟现实技术因其还原度高、互动性好、可以实现时空跨越等特性，能够极大满足思想政治理论课实践教学对于教学资源和教育技术的需求，成为实践教学方法创新的必然趋势和现实要求，部分学校也在尝试使用中。但是，虚拟现实技术能够满足教学需要的程度、虚拟现实技术的技术成熟度实现的教学效果，以及虚拟现实技术运用下思想政治理论课实践教学质量提升的具体情况，仍有待实践的检验，还需要不断地探索和尝试。最后，互联网的应用。互联网时代，学生的学习习惯和学习模式发生了重大改变，电脑、手机成为大学生学习的主要工具，互联网、手机终端 App 成为大学生学习的重要媒介，各种网络视频资源迎合了青年学生偏好视听感官刺激的学习习惯，为大学生提供了大量的媒体资讯，导致大学生沉迷网络视频资源不能自拔的现象越来越突出。如何顺应学生学习习惯的改变，运用网络多媒体技术、网络信息技术开展思想政治理论课实践教学，如何利用数字多媒体技术开发思想政治理论课实践教学资源，让马克思主义、中国特色社会主义科学理论和习近平新时代中国特色社会主义思想占领学生头脑，是思想政治理论课实践教学面对新技术挑战需要解决的又一重大问题。

第二章　职业院校思想政治理论课实践教学概述

实践教学是职业院校思想政治理论课教学活动开展的重要方式，是与理论教学并行且同时共存于思想政治理论课教学方法体系的教学方法类型。职业院校思想政治理论课实践教学一方面要符合思想政治理论课实践教学的一般特点和要求，另一方面也要符合职业教育教学的特点和要求，正确把握职业院校实践教学的本质，才能更好地推进职业院校思想政治理论课实践教学的深化和发展。

一、职业院校思想政治理论课实践教学的含义

（一）关于思想政治理论课实践教学含义的几种解释

关于思想政治理论课实践教学的含义，许多学者从不同的角度做出了解释。如柳礼泉教授认为，所谓实践教学，是一种基于实践的教育理念和教学活动。它通常指在教学过程中，建构一种具有教育性、创造性、实践性的，以学生主体活动为主要形式，以激励学生主动参与、主动思考、主动探索为基本特征，以促进学生整体素质全面发展为目的的教育

教学观念和教学形式。① 何益忠、周嘉楠认为，思想政治理论课实践教学，应该是以丰富多彩的社会生活为舞台，以物质生产劳动为依托，以丰富感性认识、检验理性认识为重点，帮助学生树立正确的世界观、人生观、价值观，引导学生坚定马克思主义信仰、践行共产主义远大理想和中国特色社会主义共同理想的教学活动。② 鲁洁、王逢贤则从德育方法的角度对实践教学进行了阐释。他们认为，实践锻炼是学生获得教育的重要方式之一，受教育者通过各种实践活动接受锻炼、训练，从而培养出优良的思想品德。③ 也有学者认为，思想政治理论课的理论教学与实践教学的区别，不是"动脑"与"动手"的区别，而是认识与实践主体的区别。实践教学的意义在于引导学生的参与意识，帮助学生学会理论联系实际，并通过自觉的践行，在实践中运用正确的世界观、方法论来认识和分析问题。从学者们对实践教学内涵的解释中可以看出，当前我国学界对实践教学的界定主要从两个角度展开：一是从实践教学的教学方式上强调实践教学是一种以行动、活动为表现的实践性、应用性活动；二是从实践教学的主体上强调实践教学是以学生体验、学生参与为基本方式的教学活动。以上这些解释都有效地揭示了实践教学的内在特征及其与理论教学的区别，具有普遍意义，为思想政治理论课实践教学的开展提供了可靠的理论依据。结合学

---

① 柳礼泉. 大学思想政治理论课实践教学研究［M］. 长沙：湖南大学出版社，2006：41.

② 何益忠，周嘉楠. 思政课实践教学：概念辨析与体系创新［J］. 中国高等教育，2020（6）：17.

③ 鲁洁，王逢贤. 德育新论［M］. 南京：江苏教育出版社，2010：304.

者们对实践教学内涵的阐释,职业院校思想政治理论课实践教学可以被界定为:以教师主导、学生主体为基本模式,以学生自主参与、自主活动为根本特征,以学生的政治素质提升、品格培育、能力养成为核心任务,以职业教育方法为主要特色,在进行客观事物改造过程中进行主观事物改造的社会活动。

(二) 准确把握职业院校思想政治理论课实践教学的基本内涵

要想完整理解和准确把握职业院校思想政治理论课实践教学的基本内涵,需要从三个层面来进行。第一,要从马克思主义哲学的高度把握实践教学的本质。马克思主义认为,实践是人类能动地改造和探索现实世界的一切社会的客观物质活动,实践是主观见之于客观的东西[1],世界不是从观念出发来解释实践,而是从物质实践出发来解释各种观念形态,从这个意义上讲,全部社会生活在本质上都是实践的[2]。马克思主义的实践观决定了实践是解释一切社会关系、社会现象、社会历史的理论工具。思想政治理论课实践教学作为学校思想政治教育的一种重要方式和重要组成内容,其本身就是一项重要的社会实践活动,其教育教学活动的过程就是要贯彻实践育人理念,通过主观见之于客观的方法即从理论到实践的方法,帮助大学生形成正确的思想观念和认知,培养大学生良好的分析与解决问题的能力和素质。

---

[1] 毛泽东选集:第2卷 [M]. 北京:人民出版社,1991:477.
[2] 马克思恩格斯文集:第1卷 [M]. 北京:人民出版社,2009:501-502.

马克思主义的实践观决定了思想政治理论课教学不能只停留在理论教学层面，还要通过实践的路径，以实践教学为工具和手段，实现理论向学生能力和行为的转化，最终达到改造人、改造社会的目的。第二，要从理论的层面把握实践教学的内涵。对实践教学内涵的不同理论解释会带来不同的应用结果。我国对于思想政治理论课实践教学内涵的理解经历了三个转化阶段。第一个阶段是从社会实践转化到实践教学，第二个阶段是从方法论转化到课程论，第三个阶段是从经验论转化到认识论。2004年颁发的《中共中央国务院关于进一步加强和改进大学生思想政治教育的意见》（中发〔2004〕16号）规定，思想政治理论课要"坚持政治理论教育与社会实践相结合。既重视课堂教育，又注重引导大学生深入社会、了解社会、服务社会"。这个时期，实践教学主要强调的还是社会实践，到了2008年《中共中央宣传部 教育部关于进一步加强高等学校思想政治理论课教师队伍建设的意见》（教社科〔2008〕5号）颁布时，文件已经提出"要从本科思想政治理论课现有学分中划出2个学分、从专科思想政治理论课现有学分中划出1个学分开展本专科思想政治理论课实践教学"，从而实现了实践教学从"社会实践"向"实践教学"的转化。到了2015年教育部《高等学校思想政治理论课建设标准》（教社科〔2015〕3号）颁布时，实践教学又完成了方法论向课程论的转化。该标准规定，要将实践教学纳入教学计划，并且要统筹思想政治理论课各门课的实践教学、落实学分、教学内容、指导教师和专项经费。当前，随着我国职业院校教育理念的不断深化和发展，实践教学被赋予了更深层次的含义，实践教学已经不再基于教学方法和教学经验,而是"在基础理论的研究上进行实践教学理论模式构建"①。第三,要从实践的层面把握实践教学的特点。实践教学重点在实践,要树立实践的理念,运用实践的方法,展现实践的要求。古人云,纸上得来终觉浅,绝知此事要躬行。实践教学就是要强调紧紧围绕学生的政治思想素质提升和能力习惯培养,通过开展各种形式的教育教学活动,运用各种实践教学手段和方法,把丰富的社会素材引入教学活动中,引导学生自觉参与各种实践活动,通过积极参与、亲身实验、实地摸索、真实感受,通过实践活动锻炼、实践环境熏陶、实践内容影响,通过师生互动、人际交往、社会锻炼,在学习实践、生活实践、工作实践、社会实践的过程中,不断学习知识、汲取营养、养成品格、获得教育,从而达到教育人、培养人、塑造人的目的。实践是实践教学永恒的主题,从社会层面来讲,实践就是职业院校思想政治理论课实践教学组织开展的各种课内课外、校内校外的实践活动;从个体层面来讲,实践就是大学生个体的实验、探索、体验等行为。

二、职业院校思想政治理论课实践教学的功能

所谓功能,是指事物本身所具有的能够对外部事物产生作用的效能或功效。思想政治理论课实践教学之所以能在思想政治理论课教学中发挥重要作用,成为职业院校育人的重

---

① 李宇卫. 普通高校思想政治理论课实践教学概述 [M]. 重庆:西南交通大学出版社,2016:4.

要手段，就是因为实践教学本身具有自己的教育功能和效用。

（一）导向功能

实践教学的导向功能主要体现在两个方面。一是理论导向。思想政治理论课的课程性质决定了思想政治理论课实践教学是在马克思主义理论指导下进行的实践教育活动。实践教学的一个重要任务，就是通过实践教学引导受教育者深刻理解马克思主义理论体系的科学内涵和理论精髓，正确认识马克思主义理论所揭示的客观世界及其规律，学会用马克思主义的立场、观点和方法分析问题、解决问题，处理学习、生活、职业活动中遇到的各种困难和问题。当前我国职业院校将中共党史、新中国史、改革开放史和社会主义发展史教育融入思想政治理论课实践教学活动，就是通过实践教学帮助学生学习、了解、体会、思考马克思主义从理论到科学、马克思主义中国化的历史进程，以及中国化马克思主义从产生、发展到成熟的历史过程。在生动鲜活的实践中感受理论形成的发展及创新过程，从而把握马克思主义理论的科学性、实践性和深刻性，通过各种形式的实践活动，使学生在回顾历史中感受马克思主义理论的实践性、革命性和科学性，领悟马克思主义的时代价值和永恒魅力。二是政治导向。思想政治理论课实践教学承载着思想政治理论课的特殊政治功能。习近平总书记指出，思想政治理论课最根本的任务就是要解决好培养什么人、怎样培养人、为谁培养人的根本问题。思想政治理论课实践教学的重要功能就是通过广泛的实践教育和实践活动，教育引导学生爱党、爱国，坚定中国特色社会主义道路自信、理论自信、制度自信、文化自信，树立中国特色社会主义的共同理想和信念，不断提升和增强个人的政治素质和意志品质，把学生培养成能够担当民族复兴大任的、德智体美劳全面发展的社会主义建设者和接班人。

（二）教育功能

思想政治理论课实践教学是一种有计划、有目标的系统性教学活动。实践教学活动的设计规划、组织安排和实施评价，都是围绕思想政治理论课的教育教学目标进行的。实践教学的教育功能主要体现在三个方面：第一，思想政治教育。具体表现为马克思主义世界观、人生观教育，爱国主义教育，政治理想、政治信念教育等。正如习近平总书记指出的那样，我们的教育要为中国共产党治国理政服务，为巩固和发展中国特色社会主义制度服务，为改革开放和社会主义现代化建设服务[①]，职业院校思想政治理论课实践教学要切实贯彻这一宗旨，为党和国家培养理想信念坚定、爱党爱国爱社会主义的职业人才。第二，意志品质教育。中国特色社会主义伟大事业是一项崇高又充满艰辛困难的事业，没有坚定的意志品质便难以完成。当代大学生作为这一伟大事业的见证者、参与者、实践者，必须具备坚定的意志品质。思想政治理论课实践教学的任务，就是要帮助学生习得意志品质、形成意志品质、磨炼意志品质；要充分利用红色资源进

---

① 习近平. 思政课是落实立德树人根本任务的关键课程［J］. 求是，2020（17）：8.

行意志品质教育，用革命烈士和英雄模范人物的事迹教育和感染学生；要鼓励与引导学生积极投身社会实践、广泛开展社会调研、参加社会活动和社会服务，在研究、发现、解决问题的过程中形成意志品质、锤炼意志品质。第三，行为习惯养成教育。实践教学是在教师引导下通过学生的自主参与、自主活动开展的教学活动，实践教学重在实践，重在对学生行为的训练和习惯的养成。在实践教学过程中，学生的活动不是自发和无序的，而是在一定的规则设计下按照一定的规范要求有目的、有秩序进行的。教师要对整个教学过程进行宏观把控，要对学生的具体行为进行积极的引导和教育，这些引导和教育包括理论引导、方法引导、规则教育、安全教育，等等。实践教学的过程既是教师教会学生学的过程，也是帮助学生建立科学的行为方法和良好的行为习惯的过程。

（三）发展功能

思想政治理论课实践教学的发展功能是指实践教学在促进人的智力发展和塑造人的品德，以及促进人的全面发展方面所发挥的效用。实践教学促进个体发展的功能主要表现在：第一，实践教学能够帮助学生更好地发现自我、认识自我，较快地完成自我认知的过程。客观科学的自我认知对大学生在恋爱、学习、工作中进行人生选择时具有非常重要的意义，通常来讲，自我认知越准确，越有利于大学生做出正确的人生选择。第二，实践教学能够锻炼和提升学生的动手能力和解决问题的能力。实践教学是学生在教师指导下，以实践操作为主，获得知识和能力的一系列教学活动，教学活动往往是通过完成一件件工作、实施一个个项目来完成的，为完成实践教学任务，学生必须发挥自己的主观能动性，自己动手完成工作，或者运用智慧和方法解决教学过程中遇到的问题或困难。在完成工作、解决问题的过程中，学生的动手能力和解决问题的能力得到了有效的锻炼和提升。第三，通过实践教学能够提升学生的综合素质。实践教学为学生提供了一个自我展示、自我表现的舞台，学生在自主实践过程中开发了智力，激发了想象力和创造力，增进了学习探究的动力和活力，强化了意志力和自信心，提升了自豪感和荣誉感，发掘了个体发展的空间，从而实现了知识、能力、意志、品质等综合素质的全方位提升和发展。

（四）社会化教育功能

实践教学促进受教育者社会化教育功能是指实践教学在促进受教育者参与社会活动，完成人的社会化方面所发挥的效用。实践教学促进受教育者社会化教育功能主要表现在：实践教学能够帮助大学生发现社会发展的客观规律，认识国家的前途和命运，追踪社会问题，探知问题产生的根源，认清个人与社会的关系，了解自己的责任和使命。通过实践教学，大学生能够有机会开展广泛的社会交往，并在社会交往过程中锻炼自己的人际交往能力、处置应变能力、组织管理能力、解决问题能力、创新创造能力以及心理承受能力，从而奠定和增强个体的社会生存能力。实践教学还能够促进大学生把所学的知识和理论应用到社会生活中，完成理论向实践的转化和实践对理论的检验，从而更好地加深对理论的理解，更好地运用理论指导实践，进而实现从理论到实践的又一次升华。通过实践教学，大学生也能够更好地锻炼自我，真正做到学以致用、知行统一、理论与实际相结合，这也有利于帮助大学生树立马克思主义的实践观，培养注重调查研究、实事求是的良好作风。实践教学是帮助大学生完成社会化改造的重要途径和手段，是大学生从自然人转变为社会人、从学生转变为职业人的重要媒介和环节，具有十分重要的意义。

三、职业院校思想政治理论课实践教学的特点

职业院校思想政治理论课实践教学的特点具有双重属性。从思想政治理论课实践教学的一般特点来说，这些特点是与其他专业课程实践教学的特点相比较而言的；从职业院校思想政治理论课实践教学的专有特点来说，这些特点是与非职业院校思想政治理论课实践教学的特点相比较而言的。综合来看，职业院校思想政治理论课实践教学主要表现为四个突出特点。

（一）意识形态引领性

思想政治理论课实践教学的意识形态引领性是由思想政治理论课的课程性质决定的。意识形态是一种自觉反映一定社会集团（在阶级社会就是阶级）经济政治利益的系统化、理论化的思想观念体系，是一定社会集团、阶级的政治理

想、价值标准和行为规范的思想基础。① 具体到我国来说，我国主流意识形态就是马克思主义，坚持意识形态引领就是指坚持马克思主义理论在人的思想、观念、行为上的引领，坚持马克思主义的思想指导地位。思想政治理论课实践教学的重要目标和任务，是运用各种实践的形式和方法，传播马克思主义科学理论，开展马克思主义理论教育，教育引导学生自觉学习马克思主义理论和新时代中国特色社会主义思想，自觉增进对中国共产党和中国特色社会主义的信心和信念，维护党的领导、维护社会主义制度和道路、维护国家意识形态安全，自觉做拥护中国共产党的领导、拥护社会主义制度的先行者，自觉做中国特色社会主义事业的奋斗者和接班人。意识形态引领性是思想政治理论课实践教学最鲜明的特点。

(二) 价值主导性

思想政治理论课实践教学承担着立德树人的重要任务，是传播先进价值理念的重要方式和途径。思想政治理论课实践教学的内容体系构建和活动方案设计，要注重对大学生的思想塑造和价值观改造，体现价值主导。思想政治理论课实践教学的价值主导主要体现在三个方面：一是世界观、人生观和价值观的引领，二是社会主义核心价值观的引领，三是先进文化的引领。世界观、人生观和价值观的引领是指思想政治理论课实践教学要教育和引领学生树立正确的世界观、

---

① 郑永廷, 叶启绩, 郭文亮, 等. 社会主义意识形态研究 [M]. 广州：中山大学出版社, 1999：4.

人生观、价值观，用马克思主义的思想方法看待世界、看待社会、看待人生，用全面、辩证、发展的方法分析问题和解决问题，正确处理人生矛盾，爱祖国、爱人民、讲奋斗、讲奉献。社会主义核心价值观的引领是指思想政治理论课实践教学要大力宣传和弘扬社会主义核心价值观，教育引导学生践行社会主义核心价值观。社会主义核心价值观是中国特色社会主义的核心价值目标，凝聚着广大人民对中国特色社会主义的价值期盼和追求，是凝聚全中国各族人民大团结的重要精神力量。思想政治理论课实践教学要运用各种贴近学生生活，贴近学生年龄和心理特点又生动有趣的方式，广泛开展社会主义核心价值观的宣传、渗透和教育，让社会主义核心价值观教育融入生活、融入学习、融入个人的人生实践，成为引领学生成长的自发的精神力量。先进文化的引领是指思想政治理论课实践教学要弘扬和传播先进文化，包括优秀传统文化、红色革命文化、社会主义文化以及人类共同的优秀文化成果，要用先进文化武装学生的头脑、启发学生智慧，引导学生自觉弘扬优秀文化传统，坚定文化自信，激发文化创造力。价值主导性是思想政治理论课实践教学与专业课程实践教学的本质区别。

（三）知识和方法的综合性

思想政治理论课实践教学是针对学生的知识、能力、素质开展的教育教学活动，其教育目标涉及多种能力和素质的培养，包括认知能力、社交能力、学习能力、沟通能力、态度能力、心理能力，等等，教育目标具有多样性和综合性的特点。这就使得思想政治理论课实践教学需要调动各种学科知识开展教学，如在少数民族地区运用红色资源开展党史教育、新中国史教育需要用到马克思主义哲学、历史学、民族学等学科知识，开展法治教育需要用到政治学、法学、经济学等学科知识，开展历史文化教育需要用到历史学、民族学、语言学、美学等学科知识。针对不同的主题，思想政治理论课实践教学又要运用不同的方法开展教学，如开展革命历史教育可以用参观红色教育基地的方式，开展法治教育可以运用模拟法庭的方式，开展人生观、价值观教育可以运用先进人物事迹报告等方式。总之，思想政治理论课实践教学是一种以综合性、多学科的知识运用为特点，以多种途径和方法开展的体验式教学活动。

（四）职业性和行业性

职业院校思想政治理论课实践教学既要符合思想政治理论课实践教学的一般规律和要求，又要符合职业院校职业教育的特有规律和要求。这就决定了职业院校思想政治理论课实践教学具有自己特有的职业教育特点。职业院校思想政治理论课实践教学的职业性和行业性特点主要表现在两个方面：一是依托行业企业的资源开展实践教育。行业企业具有职业院校思想政治理论课实践教学需要的人力资源和环境条件，行业企业拥有数量众多的优秀人才，拥有雄厚的物质资料和先进技术，拥有优质的生产环境和先进的管理经验，这些都能成为职业院校开展思想政治理论课实践教学的素材。职业院校在实践教学中可以引入企业人才作为实践教学指导老师，邀请行业企业先进模范人物做报告、与学生开展座谈交流，组织学生深入企业去参观感受、实践体验，通过企业实践活动感受行业发展带来的物质力量和精神力量。二是将行业文化教育、职业精神教育等教育内容融入实践教学内容体系中。职业院校可以根据各自的行业背景，以行业人才的需求和岗位职责的要求，对学生开展具有针对性的行业背景教育、企业文化教育、企业家精神教育、行业企业安全教育、法律法规教育、职业安全教育、职业素质教育、职业心理教育，等等，将职业教育与思想政治教育有机结合和充分融合，积极发挥职业院校思想政治理论课实践教学在服务职业教育和人才培养上的重要作用。

第三章 影响职业院校思想政治理论课实践教学的因素

影响职业院校思想政治理论课实践教学的因素来自方方面面,从宏观到微观,从国家教育主管部门到学校教育教学单位,从上层领导到一线教师,有许多因素都影响和制约着思想政治理论课实践教学的组织开展和实际效果。

一、影响职业院校思想政治理论课实践教学的政策因素

国家相关教育政策对思想政治理论课实践教学产生至关重要的影响。某种程度上,思想政治理论课实践教学的开设与否本质上就是国家教育政策的产物。可以说,国家和职业院校关于实践教学相关的政策,不仅直接决定着思想政治理论课开展实践教学的合法性与否,而且直接影响着职业院校决策者和执行者开展实践教学的决心和力度。

(一)政策影响职业院校对思想政治理论课实践教学的重视程度

党中央和国务院关于职业院校思想政治理论课实践教学的各项政策,是职业院校开展思想政治理论课实践教学顶层设计和策略研究的基础依据。党的十八大以后,党和国家对

思想政治理论课的重视程度达到了前所未有的高度，从政策层面进一步强化了对思想政治理论课实践教学的指导。2015年7月，中宣部、教育部印发的《普通职业院校思想政治理论课建设体系创新计划》（教社科〔2015〕2号）提出，要坚持课堂教学与日常教育相结合，积极拓展思想政治理论教育渠道，创新与发挥第二课堂的教育作用，强调职业院校思想政治理论课的实践教学要突破传统的公共理论课程范畴，注重扩展到大学生社会实践活动中，参与指导的教师也不仅仅限于思想政治理论课的专业教师，还需要整合辅导员队伍。同年9月，教育部印发了《高等学校思想政治理论课建设标准》，对职业院校思想政治课程实践教学的教学要求、学分设置、教学内容和专项经费等做了详细规定。2017年2月27日，中共中央、国务院印发的《关于加强和改进新形势下职业院校思想政治工作的意见》（中发〔2016〕31号）再次强调，"要强化社会实践育人，提高实践教学比重，组织师生参加社会实践活动，完善科教融合、校企联合等协同育人模式，加强实践教学基地建设，建立健全国家机关、企事业单位、社会团体接收大学生实习实训制度，开设创新创业教育专门课程，增强军事训练实效，建立健全学雷锋志愿服务制度"。党的十九大召开以后，面对新的时代要求，教育部于2018年4月印发了《新时代职业院校思想政治理论课教学工作基本要求》，明确职业院校要严格落实思想政治理论课各学段的课程学分，并从本科和专科的学分体系中分别划分出2个和1个学分来推进思想政治理论课实践教学活动，强调实践教学作为课堂教学的延伸拓展，重在帮助学生巩固课堂学习效果，深化对教学重点与难点问题的理解和掌握，要求职业院校制定实践教学大纲，整合实践教学资源，拓展实践教学形式，注重实践教学效果。2019年3月18日，习近平总书记主持召开了学校思想政治理论课教师座谈会并发表重要讲话，提出了职业院校思想政治理论课教育教学的"八个相统一"思想，即政治性和学理性相统一、价值性和知识性相统一、建设性和批判性相统一、理论性和实践性相统一、统一性和多样性相统一、主导性和主体性相统一、灌输性和启发性相统一、显性教育和隐性教育相统一，为学校开展思想政治理论课实践教学提供了思想指导和方法遵循。

从职业院校思想政治理论课实践教学开展的情况来看，党和国家的政策是影响职业院校是否重视思想政治理论课实践教学的重要因素，甚至是决定因素。政策是调整和保障思想政治理论课实践教学得以落实的重要杠杆。首先，政策能够帮助职业院校加强和深化对党中央和国家决策部署的学习和理解，从而配合国家重大战略部署、战略方针的执行。其次，政策能够有效促进职业院校对思想政治理论课实践教学工作的执行。当国家政策文件提出一些硬性指标要求时，哪怕某些学校的领导对思想政治理论课实践教学的理解暂时不到位，但为了工作业绩考核的需要，起码也要在形式上达标。再次，国家政策是思想政治理论课实践教学能否有效开展的重要依据。没有这些政策依据，思想政治理论课开展实践教学就会师出无名，无以保障，进而变成空中楼阁。最后，学校对实践教学的重视程度又直接决定了实践教学开展的力度和水平。因为学校领导的重视程度是影响教师和学生重视程度的决定因素，只有学校领导真正重视了，才会在学校的相关制度和措施上去落实与开展，才能激励教师和学生去重视并投入其中。全国调研结果的情况显示，尽管我国职业院校整体上对思想政治理论课实践教学重视程度较高，但仍然有部分职业院校重视程度不够，或者不予重视。可以说，在思想政治理论课实践教学存在的诸多问题中，重视程度不够是导致问题产生的首要因素，只要学校领导、教师和学生对实践教学的问题足够重视，那么其他的问题基本上就可以迎刃而解。

（二）政策影响和决定实践教学师资队伍建设

实践教学师资队伍建设是影响和决定实践教学效果的关键因素。有效地开展思想政治理论课实践教学，不仅需要实践指导教师具备相应的素质和经验，同时也要有足够的激励措施。因此，开展相关的师资培训就显得十分必要，而培训的措施和经费都需要各级部门的政策支持。同时，教师开展实践教学也需要学校相关制度的支持和鼓励，如果学校没有相应的激励措施，对于教学科研任务繁重的职业院校思想政治理论课教师而言，开展实践教学无疑是吃力不讨好的事情。而学校要想出台专门针对思想政治理论课实践教学的激励措施，无疑需要明确的国家相关政策依据和有力支持。目前，我国职业院校思想政治理论课教师的主要任务还是从事相关理论授课和科学研究工作，学校在思想政治理论课实践教学的师资投入方面还存在一定的不足。这种不足主要体现在两个方面，一是参与实践教学的教师人员不足，二是参与实践教学的教师的课酬较低。思想政治理论课实践教学是一项复杂的系统工程，其正常开展一方面需要在教师的指导下进行，另一方面也需要学校、社会各部门的全力配合。这期间就需要教师做大量的学生组织管理工作和部门协调工作以保证学生实践活动的正常开展。实践教学这种多部门协同合作的课程特点在师资保障不力的情况下会导致教学活动实施难度加大，实践教学效果受到影响甚至被削弱。

（三）政策影响思想政治理论课实践教学的开展方式

国家相关教育政策对思想政治理论课实践教学的开展方式也产生着重要影响。诸如实践课程的设置、学分的设置、课时的设置，等等，都需要国家政策给予明确的规定和相应的指导，否则各学校在实际操作中就有可能出现五花八门、可有可无，甚至是敷衍了事的乱象。当前，中央和有关教育部门就规范思想政治理论课实践教学、加强实践育人出台了诸多文件和政策，但这些政策的落地不是自然而然的过程，而是需要各级教育部门认真学习领会、认识理解到位、引起重视、狠抓落实，才有可能将这些政策真正落到实处。对于职业院校来说，可以通过集体学习、分组研讨、个别谈话等多种形式加强对有关文件和政策的解读、宣传和教育，让校领导、思政教师和大学生充分认识到开展实践教学在职业院校人才培养中的地位和意义，并在实际工作中领会、落实。同时，要加强督促检查。另外，还要在教育主管部门和学校层面就思想政治理论课实践教学成立专门的教学督查机构，检查职业院校领导对实践教学政策的领会、落实情况；检查教师对实践教学的组织开展、指导实施情况；检查学生对实践活动的主动参与、学习效果情况，并做到"抓铁有痕、踏石有印",对工作中的特色和亮点及时总结,对检查出来的问题及时反馈,整改落实,让实践教学工作真正落到实处。

二、影响职业院校思想政治理论课实践教学的制度因素

强有力的组织管理和健全的保障机制,是思想政治理论课实践教学规范化、科学化、常态化的前提和基础。当前,职业院校思想政治理论课实践教学的组织保障机制还有待完善,教务管理、师资队伍、经费投入和资源保障等方面都还存在着较大问题,相应的评价激励机制也很不健全,由此导致各职业院校在开展思想政治理论课实践教学上形式不一,效果难尽人意。因此,需要职业院校以相关政策为依据,制订行之有效的工作机制,保证思想政治理论课实践教学的有效开展。

(一)教学管理制度

教学管理是高等学校教学的重要工作之一。它是管理者通过一定的管理手段使教学活动达到学校既定的人才培养目标的必要过程,是维持学校正常教学秩序的重要保证。教学管理制度是围绕教学管理而制定的一系列保障和维护教学活动正常进行的制度体系,在高等学校制度体系中具有基础和核心的地位。针对我国职业院校思想政治理论课实践教学而言,教学管理制度的内容主要体现在三个方面:一是人才培养目标的设定。思想政治理论课人才培养目标是清晰而明确

的，那就是立德树人，为中国特色社会主义事业培养建设者和接班人，职业院校必须紧紧围绕这一人才培养目标开展教学管理的制度设计和组织落实。二是课程管理。为了确保思想政治理论课是落实立德树人根本任务的关键课程的重要地位，思想政治理论课实践教学必须建立在科学管理的基础之上。这就要求先从课程设置抓起，通过对课程的硬性指标设定和保障机制规定，确保课程科学设置和有效实施。课程设置包括了课时安排、学分分配、教学计划安排、教学大纲制定等方面的内容。教育部颁发的《高等学校思想政治理论课建设标准》和《新时代职业院校思想政治理论课教学工作基本要求》规定，要将实践教学纳入教学计划，要统筹思想政治理论课各门课的实践教学，要落实学分（本科2学分、专科1学分），要落实教学内容、指导教师和专项经费。三是日常教学管理。日常教学管理是思想政治理论课实践教学落到实处的重要制度保障，也是思想政治理论课实践教学正常开展的行动规则。为了确保思想政治理论课实践教学的有效落实，《高等学校思想政治理论课建设标准》和《新时代职业院校思想政治理论课教学工作基本要求》明确规定，要建立健全教学管理制度，建立集体备课制度、教学内容和教学质量监控制度、教学档案管理制度以及科学全面准确的考试考核评价体系，并且要建立相对稳定的校外实践教学基地，实践教学要覆盖全体学生。对于职业院校来说，必须严格贯彻和落实文件要求，要在学校层面开展顶层设计，加强组织管理，健全教学管理制度，制定统一的教学标准和教学计划，做到"全校一盘棋"，对实践教学的学分、课时、目标、内容、形式、流程、计划等做出明确规定，让实践教学有章可循、有法可依，避免各自为政。

（二）协调保障制度

实践教学的形式多种多样，课堂内外、校园内外、线上线下，涉及的部门众多，需要协调的资源也众多。思想政治理论课实践教学的形式和内容与各种校园文化活动、专业实训活动等也存在一定的交叉融合、相互冲突等。这些情况都决定了思想政治理论课实践教学是一项复杂的社会活动和系统工程，没有社会组织的有力支持，没有学校各部门的协同配合，没有充分的资源、经费、人力物力保障，实践教学的实施范围、规模和程度将会受到极大的局限和约束，实践教学的效果也将大打折扣。这就需要协调好两个方面的关系，一是校内各部门的关系，其中涉及思想政治理论课教学部门、学校教学管理部门、学生管理部门、团委、院系，等等，通过建立全员、全过程、全方位育人的思政教育大协同工作机制，理顺思想政治理论课实践教学的内部关系。二是学校与社会组织的关系，其中涉及思想政治理论课校外实践教学基地、行业企业组织、政府机关、事业单位及其他社会组织。社会实践是思想政治理论课实践教学最主要的方式，不论是大规模社会调查活动的开展还是教育基地参观考察主题教育活动，也不论是行业企业实习实训还是政府机构访问学习，学校的思想政治理论课实践教学很大程度上需要依赖校外各类社会机构、各种社会力量提供的环境、场所、资源、人员的支持。特别是对于职业院校，与行业企业建立密切的合作关系，对有针对性的人才培养具有更加重要的意义。

(三) 思想政治理论课教师培训制度

思想政治理论课教师是思想政治理论课实践教学的主导者、组织者和实施者，思想政治理论课实践教学成功的关键在于建立一支高素质的教师队伍。[①] 思想政治理论课教师的素质一方面来源于自身的知识积累和不断的学习，另一方面来源于实践中的锻炼和经验。同时，思想政治理论课特殊的性质决定了其授课内容与时代发展息息相关、与时俱进，必须不断了解和把握最新的形势发展变化。因此，建立健全对思想政治理论课教师的继续教育和培训制度，形成长效的培训机制，对于提升思想政治理论课教师的教学素养和教学能力具有非常重要的价值和意义，也是推动思想政治理论课实践教学落到实处并向纵深发展的关键一环。具体来说，职业院校要制定相关的制度和措施，从三个方面入手。首先，要努力创造条件为思想政治理论课教师的职业能力素质和职业能力提升做好保障。既要邀请相关领域的专家来校进行实践教学理论与技能的培训，提高教师的组织和管理能力，又要鼓励和支持思政教师走出校门，开展实践研修，不断提升教师的社会阅历，增强教师实践教学的素质和能力。其次，思想政治理论课教师要树立终身学习的理念，不断加强自我学习和自我教育，在夯实理论基础的同时也要主动参与社会实践，不断增强理论联系实际、分析和解决现实问题的能力和组织协调能力。最后，要注重师资队伍的梯队建设。建立新

[①] 曹顺，丁志卫. 高职院校思想政治理论课实践教学探析 [J]. 教育与职业，2019 (11): 107.

老教师"传帮带"制度,充分发挥老教师的经验丰富、组织协调能力强和青年教师精力旺盛、头脑灵活、创新意识强的代际优势,通过有目标、有规划的梯队建设和"压担子""传帮带"等具体方法,帮助青年教师尽快成长成才,以优质的师资力量为实践教学提供人才资源。

(四)思想政治理论课实践教学的评价激励机制

思想政治理论课实践教学是有目的、有计划、有组织的教学活动,为了保证教学目标的顺利达成和教学效果的实现,必须建立一套科学完善的考核评价和激励机制。科学完善的评价激励机制对于实践教学的意义主要表现在三个方面:一是通过考核评价机制监督和检查实践教学组织活动的过程,检验其科学性和实效性,考核的结果也可及时反馈到今后的实践教学当中,用于指导以后的实践活动。二是对组织实施实践教学的教师能产生激励作用。通过考核评价,对教师的辛苦付出做出定量或定性的评价,有利于肯定教师的工作效果和工作成绩,也便于教师从评价中获取经验和吸取教训。三是有利于调动学生参与实践教学的积极性。通过对学生实践活动、实践行为、实践作品进行考核,做出结论性评价,一方面能够帮助学生检视自己的行为过程并进行及时的行为修正,另一方面还能使学生获得参与实践活动的体验感、融入感、荣誉感和成就感,从而增进师生之间的良性互动,充分实现思想政治理论课实践教学的目的。

三、影响职业院校思想政治理论课实践教学的环境因素

影响职业院校思想政治理论课实践教学的环境因素是多种多样的。从宏观层面来讲,既包括学校环境,也包括社会环境;从微观层面来讲,既包括课堂环境、校园环境、专业课实习实训基地环境,也包括校外实践教学基地、行业企业、政府机构、事业单位、社会组织环境等等。这些环境从不同层面决定、影响和制约着职业院校思想政治理论课实践教学的开展。

(一)校内思想政治理论课实验实训室(或实践教学基地)环境

校内思想政治理论课实验实训室是近几年一些职业院校探索思想政治理论课实践的教学项目。思想政治理论课实践教学实验实训室(或实践教学基地、思政教育体验中心等)利用集成环境艺术、虚拟现实技术、三维显示技术、网络技术等先进科技手段,充分整合和利用各种资源,搭建了一个先进的、可视化、数字化体验式教学平台,经过互动化设计的思政主题课程,实现了互动内容与方式上的创新、软件教学平台的创新、配套服务模式的创新,为教师和学生创造了一个全新的实践教学环境,以沉浸式、互动性的体验学习,让学习者"穿越时空",让社会、历史书本中的图画和文字"活起来",在某种程度上解决了思想政治理论课实践教学工作中的组织困难、学习形式单一、培训成果无法有效展示

等问题，满足了思想政治理论课实践教学对应用环境的需求，对于职业院校开展思想政治理论课实践教学具有至关重要的意义。

（二）校外爱国主义教育、人文素质教育等思想政治理论课实践教学基地环境

校外爱国主义教育、人文素质教育等思想政治理论课实践教学基地是思想政治理论课社会实践的重要环境，主要包括四种类型：一是爱国主义教育实践基地；二是历史发展沿革和中华优秀传统文化教育实践基地；三是法治和国防教育基地；四是展现社会主义现代化建设巨大成就的实践基地。思想政治理论课主管部门及教师根据理论教学的内容安排，组织学生走出校园，参观爱国主义教育基地和人文素质教育基地，考察具体地区或单位的经济社会发展变化情况，等等。通过参观考察，能够使学生近距离地领会革命先辈先烈坚强不屈的革命斗争精神，了解国情、党情、社情，增加对社会发展的感性认识，使学生在实践中接受革命传统教育、爱党爱国教育，培养爱国主义、集体主义和革命英雄主义精神，增强学生的社会责任感和使命感，坚定信念，刻苦学习，成就栋梁之材。实践表明，稳定的实践教学基地是保障实践教学取得良好成效的重要前提，校外实践教学基地的建设和维持至关重要。这不仅直接关系到大学生对思想政治理论课实践教学的认知效果，而且关系到职业院校思想政治工作的成效。有学者提出了职业院校思想政治理论课实践教学基地共建共享的建议，认为思想政治理论课实践教学基地的共建共享能够有效整合实践教学资源，增强实践教学的实效

性，深化思想政治理论课实践教学改革并充分发挥地域文化的育人功能。具体来讲就是，可以尝试在职业院校校际、职业院校与实践基地之间开展实践教学基地共建，并着力在实践教学内容构建、实践教学师资团队组建、实践教学场域共建、实践教学评价体系建立、实践教学保障等方面实现共建共享。① 这种观点为职业院校思想政治理论课实践教学基地建设提供了可供参考的思路。

（三）课堂环境

优质的课堂环境是进行课堂实践教学的重要条件。思想政治理论课课堂实践教学是指在思想政治理论课理论教学的基础上，在教师的指导或引导下，以课堂为阵地，以理论知识为依据，以学生的主体实践性活动为形式，以学生自主学习、自我体验、自主实践、自我提高为特征，结合大学生的专业实际，旨在培养和提高学生学习与运用理论的能力的一种实践教学模式。课堂实践教学侧重于在教师的指导下，以学生为主体，开展学生能够积极主动参与、师生实现双向交流的具有创造性的教学活动。课堂实践教学操作相对简单，成本较低，如果组织实施得当，可以起到事半功倍的效果。但是，这需要教师对课堂实践教学过程进行有效的组织管理，保证课堂实践任务的顺利完成，最终达到预期的教学目的。课堂实践教学的主要特点是以学生为主的课堂讨论、展示、分享等形式，需要学生在课前对课堂上所要讨论的主题

---

① 于春梅，王春梅，潘贺男. 高校思想政治理论课实践教学基地共建共享 [J]. 齐齐哈尔大学学报（哲学社会科学版），2020（11）：177–180.

要有充分的了解和准备,这就要求教师在课内和课外都要对学生进行指导和把控,即课前、课中和课后都要进行指导和管理,充分调动和发挥学生的学习主动性。

(四) 校园环境

校园是思想政治理论课校内实践教学的重要环境和场所,营造积极、健康、富有思想性的校园文化氛围,对于高质量完成思想政治理论课校内实践教学具有重要意义。思想政治理论课教师以校园环境为载体,通过引导学生积极参与校园文化活动、校园管理活动等,指导学生在校园活动中学习做人、学会做事,培养关心和帮助他人的助人为乐精神,提高沟通交流、组织协调能力,增强团队合作意识,从而养成高尚的品德和作风。习近平总书记在全国高校思想政治工作会议上明确提出:"要更加注重以文化人、以文育人,广泛开展文明校园创建,开展形式多样、健康向上、格调高雅的校园文化活动,广泛开展各类社会实践。"[1]校园文化环境对身处其中的大学生起着潜移默化的影响,在无形中塑造着大学生的价值理念和行为方式。通过校园文化活动平台开展思想政治理论课实践教学,有助于推动教学改革、拓展实践教学途径、协调教学资源、优化教学手段,既能活跃校园文化本身,又能提升大学生思想政治教育效果。职业院校校园文化建设与思想政治理论课实践教学方式具有嫁接、生长的天然基因,校园文化建设作为思想政治理论课实践教学的载体、手段,

---

[1] 习近平. 习近平总书记在全国高校思想政治工作会议上的讲话 [N]. 人民日报,2016–12–09 (1).

为思想政治理论课实践教学搭建了崭新的平台。同时，思想政治理论课实践教学也可以成为校园文化建设的内容来源，两者在互动方面有较大的研究价值和空间，在建设校园文化过程中，应充分考虑思想政治理论课及其实践教学之需要，整合两者的资源，实现两者的良性互动。一般来说，利用校园文化建设促进思想政治理论课实践教学主要有三种实施途径：一是充分利用学生社团，将各类学生社团作为德育教育的重要载体，通过活泼有趣、生动形象、多姿多彩的社团活动，以及形成的环境和氛围、成员之间的相互影响，把思政教育实效性实现于潜移默化之中。二是精心组织各类讲座，高质量的形势与政策报告会或专题讲座，能够贴近当代大学生的思想实际，推动大学生思想政治教育工作的深入开展。三是积极开展各种校园主题竞赛，特别是由思想政治理论课教师积极配合学校层面开展的主题竞赛类实践活动，有利于提升竞赛的思想政治教育功能发挥，如大学生辩论赛、演讲比赛、征文比赛和摄影比赛等活动。

（五）专业课实习实训基地环境

职业院校基本上每个专业都有自己的专业课实习实训基地，专业实训是对学生进行实践技能训练的基本途径，是学生接触社会的第一步，也是学生将理论应用于实际的过渡和飞跃。专业实训以其工作岗位的真实性、工作环境的复杂性、工作经历与体验的综合性成为职业教育实践教学体系不可或缺的重要环节，在人才培养过程中起着不可替代的重要作用。同时，专业实训的过程也是职业道德养成、工匠精神传承以及人际交往能力提升的重要过程，因此，专业课实习实训基地也是思想政治理论课实践教学的重要环境。职业院校的专业实训教学基地较为丰富，有学者认为，可以"将这些专业课实践教学基地纳入思想政治理论课实践教学基地群中，使之成为专业实践教学和思想政治理论课实践教学的'双基地'，为思想政治理论课实践教学提供稳定教学基地，搭建良好的叠加教学平台。充分利用企业的优秀文化进行职业道德、职业素质和职业规范的教育，让学生在顶岗实习的过程中，了解企业文化，接受企业文化的熏陶。多渠道、多形式开展与顶岗实习基地的交流与合作，聘请有关企业经理人作为思想政治理论课实践教学顾问或校外指导教师，充分发挥'双基地'的资源优势和育人功能"[①]。为此，有学者探索提出了"高职高专思想政治理论课实践教学与专业实训叠加教学模式"，认为这是职业院校思想政治理论课教学改革的必然选择和主流趋势。应该说，这种观点比较符合职业院校思想政治理论课实践教学的实际情况，在理论上具有一定的指导意义和价值。此外，行业企业、机关事业单位和其他社会组织也是思想政治理论课实践教学的重要环境，学生在这些单位和组织进行实习、实践或锻炼，本身也是对自己包括思想政治素质和法律素质在内的综合素质和能力的实践锻炼。这些单位和组织的行业作风、企业文化甚至是团队工作氛围，都会对初入社会、涉世未深的学生产生重要影响，负责联系实习就业的指导教师在这个过程中应该对学生可能出现的思想困惑和问题及时予以关注和指导。

---

① 钟利红，唐晶晶．高职高专思政课实践教学与专业实训叠加教学模式探索［J］．山西财经大学学报，2010（S2）：306－307．

第四章 职业院校思想政治理论课实践教学模式

实践教学是提高职业院校思想政治理论课教学效果的必要手段，是解决学生对马克思主义"知与信"相统一、"知与行"相统一的问题的主要渠道，有着与其他课程的实践教学不同的特点。长期以来，由于各种原因，职业院校思想政治理论课实践教学面临着许多困难，并没有取得其应有的效果。要想充分发挥实践教学在思想政治理论教育教学中人才培养的作用，必须要解放思想、拓展思路、明确原因、破解困境，提高可操作性，形成思想政治理论课实践教学的现实路径。更重要的是，要根据实践教学的特点，从组织机构、规章制度、经费支持以及师资队伍等方面着手，构建思想政治理论课实践教学的实施保障机制。

一、思想政治理论课实践教学的基本目标

实践育人、立德树人是职业院校思想政治理论课实践教学的根本目标，要达成这一目标，就要对实践教学进行科学定位，确立教育教学的具体目标，并围绕这些具体目标设计实践活动，开展实践教学。确立科学的思想政治理论课实践教学目标是开展实践教学的基本前提。

（一）知识目标

思想政治理论课实践教学的一个重要特性在于它涵盖了丰富的教育内容。一方面，它承担着对马克思主义理论及其中国化理论成果，即中国特色社会主义理论的科学体系和基本观点，以及习近平新时代中国特色社会主义思想的核心要义和理论精髓的传授这一重要任务。另一方面，它还承担着对学生法律素质的培养、道德修养的提升、历史知识的普及、社会责任的担当、国际形势的把握等多重教育任务。从思想政治理论课的课程设置来看，思想政治理论课不是一门课程，而是多门课程的集合。按照中央和教育部的要求，普通职业院校至少要开设"4+1"门课程，即4门必修课和1门选修课。除此之外，有的职业院校还把"心理教育""就业指导""军事理论"等课程纳入思想政治理论课的范畴之中。这样一来，思想政治理论课承担的教育任务就要比一般的专业课程、公共课程更加多样和丰富。帮助学生掌握马克思主义的科学理论和基本观点是思想政治理论课实践教学的重要任务。从这个角度来讲，思想政治理论课实践教学就是通过实践教学的方法和手段开展马克思主义理论教育。首先，通过理论教学，让学生对马克思主义的真理性在逻辑层面和思维层面得到领会和掌握。其次，通过实践教学，在充分发挥学生主体性作用的前提下，在运用科学的理论知识分析和解决现实问题的过程中，让学生在理性认识的基础上获得比理性认识更加直接的感性体验，使理论知识脱离抽象的概念化认识，转化为发自内心的思想认同和价值追求，从而实现马克思主义在真理性与实践性上的统一，进而实现学生在思想上和行为上的统一。

(二)认知目标

思想政治理论课的根本任务是立德树人,思想政治理论课教育教学的核心就是要解决好"培养什么人""怎样培养人""为谁培养人"的问题,思想政治理论课只有帮助学生建立了科学和正确的认知体系,才能实现"三个培养"的基本目标。2016年12月,习近平总书记在全国高校思想政治工作会议上提出了"四个正确认识"的思想,为思想政治理论课教学的认知目标提供了标准和依据。习近平总书记强调指出,思想政治工作从根本上说是做人的工作,要不断提高学生的思想水平、政治觉悟、道德品质、文化素养,把学生培养成为德才兼备、全面发展的人才。这就要教育引导学生正确认识世界和中国发展大势,不断树立为共产主义远大理想和中国特色社会主义共同理想而奋斗的信念和信心;要教育引导学生正确认识中国特色和国际比较,全面客观认识当代中国、看待外部世界;要教育引导学生正确认识时代责任和历史使命,自觉把个人的理想追求融入国家和民族的事业中,勇做走在时代前列的奋进者、开拓者;要教育引导学生正确认识远大抱负和脚踏实地,把远大抱负落实到实际行动中。[①] 具体到职业院校,思想政治理论课实践教学在实现上述教学目标的同时,还要使学生充分认识专业知识和专业技能教育与思想政治理论课教育之间的密切关系,了解思

---

① 习近平. 把思想政治工作贯穿教育教学全过程 开创我国高等教育事业发展新局面 [N]. 人民日报,2016-12-09(1).

想政治理论课知识学习对职业能力培养、发展和提升的重要意义，自觉学习和掌握马克思主义基本理论，学会运用马克思主义的观点方法分析和解决问题，自觉树立马克思主义的世界观、人生观、价值观、职业观，培养厚植爱国情怀的民族精神和改革创新的时代精神，把自己的职业生涯和国家民族的发展目标结合起来。在实现中国梦的伟大实践中，学习职业知识，增强职业技能，规划职业理想，达成职业目标。

（三）能力目标

能力目标是比知识目标更高层次的目标要求。能力目标的根本在于通过实践教学活动帮助大学生完成从书本到现实、从理论到实践的飞跃，使大学生在知识、理论、思想、行为等各个方面都能够得到较好的锻炼和提高。思想政治理论课实践教学的能力目标主要有两个：一个是思维能力。思维能力是一种通过抽象的思维活动深入事物本质、揭示事物规律的一种能力。思想政治理论课实践教学的一个重要目标，就是通过实践教学来训练和培养学生运用所学的知识和理论，通过科学的思维方法，对事物进行全面综合的分析以及反思、判断、推理的能力。另一个是解决问题的能力。理论学习的目的在于应用，知行统一是思想政治理论课教学的根本特点。学会用马克思主义的思想方法和以习近平新时代中国特色社会主义思想为标志的中国化马克思主义科学理论处理和解决当代中国的现实问题，学会用科学的世界观、人生观、价值观处理和解决青年学生在学习、生活、成长中遇到的困难、挫折和问题，是思想政治理论课实践教学的重要目标。在思想政治理论课实践教学中，要充分依靠和发挥大学生的力量，让他们参与实践活动的策划、准备和组织，从而达到锻炼、提高大学生创新能力和组织管理能力的目的；通过参观访问、社会调查等实践活动，培养大学生观察问题、分析问题的能力；通过撰写调查报告或研究论文，来提高学生的写作能力和开拓进取的精神；通过开展各种社会公益活动和社区服务活动，引导大学生走出校门，到基层去，到工农群众中去。能力目标的实现不仅可以使大学生认识社会、认识人生，而且可以帮助大学生解决知行不一致的问题，使大学生在实践过程中不断增强把认知转化为行为的能力。

（四）政治素质目标

政治素质是人们从事社会政治活动所必需的基本条件和基本品质，是个人政治理想、政治信念、政治态度和政治立场的综合表现。思想政治理论课的课程性质决定了培养学生的政治素质是思想政治理论课的重要任务之一，政治素质目标是思想政治理论课实践教学的重要目标，也是衡量思想政治理论课教育教学质量的重要指标。思想政治理论课实践教学的政治素质目标的具体要求，就是通过实践教学活动引导大学生去探究现实社会中的各种现象和问题，并且运用所学理论去分析这些现象和问题，提出解决问题的办法，使大学生在探究问题、分析问题和解决问题的过程中，明辨是非，区分善恶，磨炼意志，锻造品格，增强"四个自信"，坚定理想信念，厚植爱国情怀，完善个人品格，培育良好职业道德素质，提升法律素质，使青年学生成长为具有坚定政治信仰和良好职业技能的中国特色社会主义事业的建设者和接班人。

二、思想政治理论课实践教学模式构建的基本原则

教学模式是在一定的教学思想或教学理论指导下建立起来的各种类型的教学活动的基本结构或框架，是表现教学过程的程序性的策略体系。任何教学活动的开展都是在一定教学模式的框架下进行的。教学模式的构建是在经验与理论之间的一种可操作性的知识系统，需要在丰富的实践经验基础上进行总结和推广，是一个长期积累实践经验的过程，是一个主动的理论抽象的过程，同时也是人的认识能力和实践能力得到提高的过程。美国学者乔伊斯和威尔根据对教学模式的理论和根源的研究，区分出了四种教学模式类型：一是信息加工类型的教学模式，二是人格（人性）发展类型的教学模式，三是社会交往类型的教学模式，四是行为修正类型的教学模式。从我国思想政治理论课的课程性质和目标要求看，思想政治理论课实践教学的目标在于人的培育和培养。因此，以人的人格发展和行为养成为核心是构建思想政治理论课教学模式的理论根源和逻辑根源。但是，由于人的培养是一个复杂的教育实践过程，涉及人的思想、认知、心理、行为等多种因素，这就决定了思想政治理论课实践教学模式一定是多种教学模式的融合。思想政治理论课实践教学必须紧紧围绕学生的人格发展目标，通过多种教学方法的综合使用，最终实现立德树人的教育教学效果。基于这一基本前提，在探索构建思想政治理论课实践教学模式的过程中需要遵循三个基本原则。

(一) 目的性原则

思想政治理论课实践教学的目的性原则，是指任何一种教育模式要为实现特定的思想政治教育目的服务，思想政治理论课实践教学的目的应贯穿于模式操作、运行的始终，根据目的来组织内容、整合方法、构成有机过程。在思想政治理论课实践教学模式构建过程中应注意目的的方向性、层次性和超越性。目的的方向性即通过模式实施教学，必须把教育和引导人们树立正确的世界观、人生观、价值观放在第一位。目的的层次性是指思想政治理论课实践教学的目的应当包括三个层次：一是根本目的，即教育和培养现代社会发展所需要的、全面发展的合格公民，培养社会主义现代化建设合格的建设者和可靠的接班人；二是在某一时期、某一区域范围的阶段性、地域性目的；三是根据思想政治理论课实践教学的目的分解而来的具有可操作性的具体目的。目的的超越性是指思想政治理论课实践教学的具体目的要适当高于教育者原有的思想认识水平，且具有实现的可能性。思想政治理论课实践教学模式不仅能够保证具体目的的实现，而且能够指向更高的目的，有利于高层次目的的实现。

(二) 主体性原则

思想政治理论课实践教学必须坚持主体性原则。现代思想政治教育的根本目的是促进主体力量的发展，通过人的全面发展来促进社会的发展，因而注重主体的积极性、主动性、参与性是现代思想政治教育教学的显著特征。对于思想政治理论课实践教学来说，注重主体性、强调主体的积极参与、突出主体的亲身体验是其区别于课堂理论教学的主要标志，从而更应当自觉地坚持主体性原则。主体性原则主要是在"主体—主体"关系中表现出来的。前一个主体指的是教师，其主体地位强调的是教师在实践教学中的主导作用；后一个主体指的是学生，其主体地位强调的是学生在实践教学中的自主和主动作用。"主体—主体"关系要求在思想政治理论课实践教学模式的构建中要以教育者、教育对象的平等关系作为基础，构建教育者与教育对象相互交流、共同参与的活动平台和活动方式，尽可能激发出教育者和教育对象的自主性、能动性和创造性，通过教育对象的亲身体验、实际参与来达到教学效果，增强其自觉性，实现其思想认识水平的提高，促进其各项能力的发展。

（三）系统性原则

思想政治理论课实践教学模式是一个复杂的有机系统，模式构建必须坚持系统性原则。整体性原则、动态性原则和系统优化原则是系统论所强调的三大基本原则。在思想政治理论课实践教学模式的构建过程中，首先，应当强化系统整体观念，把思想政治理论课实践教学模式作为一个整体来看待，认真分析构成这个模式系统必不可少的要素，并按照它们之间客观的、必然的、有机的联系方式和作用方式来设计、规定模式内部的结构、操作程序、运行环节，使思想政治理论课实践教学模式系统要素精炼、层次分明、结构合理、运行有序。其次，要正确认识和把握思想政治理论课实践教学模式的动态性特征。模式都不是固定不变的，而是运动变化的，包括模式内部各要素之间以及模式本身与其他模式之间，模式正是在不断的运动变化中调整内部要素和层次，以保证模式功能的更好实现。最后，要自觉对模式系统进行优化改造。系统功能决定于系统的结构，要想使系统保持稳定的功能状态，必须使系统结构始终处于最优化状态。这不仅要求模式构建时应充分考虑到系统结构与功能的相关性，按照功能要求合理设置教育程序、教育方法等内在要素，还要求在模式运用过程中，根据实际运行情况、环境条件等对模式的要素进行优选、对结构进行改造，使功能保持在最优状态。也就是以最经济的人力、物力、财力的投入，实现思想政治理论课实践教学效率最高、效益最大，确保思想政治教育目标任务的完成。

三、思想政治理论课实践教学模式的基本框架

思想政治理论课实践教学模式的构建，需要在坚持以上原则的基础上，通过目标分析、结果预测和效益评估，通过对影响教育教学活动的各要素进行调整和整合，形成适用于学校自身特点的实践教学模式。

（一）坚持"八个相统一"的教学指导思想

教学思想是建立在对思想政治理论课实践教学认知基础上的系统观念和理念，是思想政治理论课实践教学模式构建的基本指导思想。2019年3月18日，习近平总书记在学校思想政治理论课教师座谈会上提出了思想政治理论课改革创新的"八个相统一"思想，为构建新型思想政治理论课实践教学模式提供了科学的理论依据。他指出，思想政治理论

课是落实立德树人根本任务的关键课程，要推动思想政治理论课改革创新，不断增强思想政治理论课的思想性、理论性和亲和力、针对性，要坚持政治性和学理性相统一，坚持价值性和知识性相统一，坚持建设性和批判性相统一，坚持理论性和实践性相统一，坚持统一性和多样性相统一，坚持主导性和主体性相统一，坚持灌输性和启发性相统一，坚持显性教育和隐性教育相统一。"八个相统一"思想是对我国学校思想政治理论课教育教学经验的系统总结，具有深厚和坚实的实践基础。"八个相统一"思想深刻揭示了思想政治理论课教育教学的基本规律，准确反映了思想政治理论课教育教学的本质和要求，高度契合了思想政治理论课实践教学互动、理实一体、显隐结合、知行统一的教学特点，对思想政治理论课实践教学而言具有重大和科学的指导意义，是思想政治理论课实践教学的根本遵循。

（二）构建协调、高效的组织领导体制和工作机制

思想政治理论课实践教学是一项复杂的教学活动，是一个多要素共同决定、多部门共同参与、活动环节众多、活动程序复杂的系统工程，既涉及教师与学生之间的互动，又涉及学校与社会各部门、各方面的支持，还涉及人、财、物的配置，如果没有一个协调、高效的组织领导体制，思想政治理论课实践教学便难以顺利完成。这就要求在职业院校内部建立规范的领导体制。职业院校要严格按照中央和教育部文件要求，成立学校党委直接领导，协调校内行政负责实施，分管校领导具体负责的领导体制；要建立由学校宣传部、人

事部、教务处、财务处、科研处、学生处、团委等部门和思想政治理论课教学科研机构各负其责、相互配合的工作机制，确保学校各相关部门与思想政治理论课教学部门之间协同一致、同向同行；要建立学校与行业企业、社会组织协同开展学生思想政治教育的长效机制，通过在校外建立实习实训基地、实践教育基地、大学生思想政治教育共建单位等措施，通过"请进来""走出去"等方式，密切加强学校与各种社会组织与社会力量的联系，营造全社会共同参与思想政治理论课实践教学的良好氛围；要建立稳定的经费保障机制。思想政治理论课实践教学不仅需要人力支持，还需要一定的资金投入。场地建设、设备采购、活动开展都需要相当数量的经费支持。学校应严格按照中央和教育部相关文件的规定，划定专项资金，为实践教学的开展提供经费保障。

（三）构建以学生为主体的教学策略

实践教学与理论教学的根本区别在于教学主体的差异性上。理论教学着重知识传递，教学的主体是教师；实践教学着重学习体验，教学的主体是学生。因此，思想政治理论课实践教学必须遵循实践教学的规律，构建以学生为主体的教学策略。其中，要注重对四个问题的把握：一是要注重提升学生的问题意识，把握大学生主流意识形态体验的独特境遇。人的思想始终受到现实的物质生活的纠缠。作为独立发展的个体，大学生不是在真空中认识主流意识形态。学业问题、交往问题、社会锻炼问题，专业意义的追问、职业生涯的规划、人生意义的反思，这些问题都是大学生个体化体验主流意识形态的重要维度。他们需要主流意识形态鼓舞信心,需要其传递力量。这就是大学生体验社会主流意识形态的切入点。你以学生之心为心,关心他们的问题,他们才真正关心你的问题,增进对主流意识形态的体认。二是要给大学生自我价值观的表达创造更多机会。他们关注思想动态,关注政治,关注历史事件的评价,对当代中国发展问题的关注、期待与困惑交织在一起,希望自己关切的这些问题能够引起讨论,使困惑得到解答,价值概念得到印证和矫正,希望在思想多元和思想竞争中站稳自己的脚跟。这种表达的需要是自主的、直接的、积极的,更是独立的。习近平同志指出,一个国家、一个民族,"如果没有自己的精神独立性,那政治、思想、文化、制度等方面的独立性就会被釜底抽薪"①。这是对国家和社会而言的,对于个体来说同样如此,如果没有自己的思想独立性,所谓的学习就会变成照抄照搬、不加辨别,变成收集箱而不是处理器。实践教学要增进开放度,推动各种对话、讨论,使得实践教学成为大学生呈现思想困惑、寻求思想指导和帮助的平台。如果价值诉求得不到合理的、科学的、正式的表达,他们就会寻求其他途径,风险和成本也会加大。因此,学校需要从立足人才培养的角度审视和重视实践教学中大学生的表达和回应问题。三是要把握大学生的理想主题。实践教学本质上是服务于大学生对自由全面发展的追求。我们不能离开大学生的成长主题来谈论实践教学。当代大学生在社会变革和自主发展的背景下,为了适应新的社会环境和挑战,为了建构更好的国家

---

① 中共中央文献研究室. 习近平关于全面深化改革论述摘编 [M]. 北京:中央文献出版社,2014:88.

观、社会观、自我观,不得不获取更佳的社会资源,保持更独立的价值判断和追求,保持更理性的、客观的和自我批判思维所应该掌握的价值观品质。实践教学中,面对学生的尝试,我们应积极鼓励;面对学生的失败,我们要给予宽容、呵护和爱护。大学生是国家最为宝贵的后备资源和创新力量。在大学生与国家之间的关系上,主流意识形态的个体化体验面临三重超越或称三重扬弃:首先是扬弃自我的视域,其实质内涵在于超越大学生个体无规范、无约束的始源性追求,个体是自主的,同时生活于社会网络之中,必须遵守法治思维和底线思维。其次是扬弃片面的理想视域,其实质内涵在于超越个体与国家之间的抽象分离,个体只有把自身的目标和理想同国家发展结合起来,目标才能实现得更快、更有意义,发挥自我价值的辐射意义。最后,超越理想的虚无化视域,其实质表现为在国家、社会与个体互动充分发展的前提下,在个体实现过程中重建个体与国家之间的统一,在大学生实现自我理想的过程中实现政治认同的反思、自我批判与超越。这三重超越彰显的恰恰是传播社会主流意识形态的责任意识和能力。正基于此,理解和看待大学生个体理想与主流意识形态之间的关系,其价值的指向则是理想原则与政治原则的统一,由此才能真正以主流意识形态为大学生理想的重建与实现"护航"。四是要助推大学生形成自己的独立见解。一个国家要独立思考,一个个体同样要独立思考,以自己的理想为中心,兼收并蓄,走自己的路。今天的在校大学生将亲身见证、参与和建设"两个一百年"。他们将见证和参与这个国家未来 30 多年的发展,见证和参与中国人民是如何"蹚"深水区、如何"啃"改革这块"硬骨头"

的。这一代大学生的人生成长史将与新中国成立100周年的倒计时交汇在一起。在这样的历史情势下，青年大学生对主流意识形态的认同感将在未来30年中得到实践、检验、评价与升华。

（四）精心设计实践教学体系

思想政治理论课实践教学体系设计是实践教学组织开展的具体依据，直接关系到思想政治理论课实践教学的教育教学效果。教学体系设计要体现四个要求，即目标体系要正确、内容体系要科学、方法体系要创新、职业特色要鲜明。思想政治理论课实践教学目标体系必须是清晰和明确的，就是要始终坚持以习近平新时代中国特色社会主义思想为指导，始终坚持以社会主义核心价值观为引领，将大学生的思想政治素质作为人才培养的首要目标，将大学生世界观、人生观、价值观的培养作为首要任务，为社会培养德智体美劳全面发展的优秀人才。思想政治理论课实践教学内容体系构建要正确，须符合两个要求：一是要结合课程的特点和学生的学习情况。一方面要反映理论教学的内容、要求和特点，突出理论教学的难点和重点，做到实践教学与理论教学紧密结合和有机统一；另一方面还要结合学生不同年级、不同专业背景、不同就业需求的情况制定不同的实践教学方案，安排不同的实践教学主题，编制相应的实践教学指导用书。二是要紧跟时代反映学生需求。要准确把握国家发展大势，反映时代要求，准确把握学生思想实际和身心发展的特点，实践教学内容一定要贴近学生、贴近生活、贴近实际。思想政治理论课实践教学方法体系的创新要体现在观念、模式和技术三个方面。观念创新指的是要改变传统的以教师为主体的单向输出型的教学方法理念,强化以学生为主体的互动式、主动参与型的教学方法理念,教师和学生之间要从知识上下传递的关系转变为互相交流、互相学习、教学相长、共同成长的关系。模式创新指的是要从传统的信息加工教学模式向人格发展教学模式和社会交往教学模式转化。思想政治理论课实践教学不是简单的教师通过各种实践教学方法对学生进行知识传导和信息加工,也不是简单地以学校为主体开展的实践活动,学生的成长成才、人格发展必须在社会这所大学校中进行雕琢和磨炼,必须通过与社会的广泛交往和在全社会的共同参与和帮助下才能完成。这就要求实践教学要走出课堂、走出校园,引入各种社会力量和社会资源,在全社会形成大思政教育的格局。技术创新指的是实践教学必须紧跟现代科学技术发展的步伐,将先进技术设备和技术手段使用在实践教学中。要注重网络课程的开发和应用,加强实践教学网络资源建设,做到线上教学和线下教学紧密配合;要强化对现代网络信息技术的应用,引导学生正确使用网络进行学习、搜集有效的网络信息资源;要积极推进虚拟现实技术和人工智能技术在实践教学中的应用,用虚拟现实技术和人工智能技术丰富实践教学资源,拓宽实践教学手段,提升实践教学效果。思想政治理论课实践教学体系职业特色要鲜明指的是在构建实践教学体系时一定要结合学校的区域特点和行业特色,紧跟区域发展优势,贴近行业发展需求,充分利用好区域和行业的政策优势,深入挖掘实践教学资源,开展具有区域和行业特色的实践教学活动。

（五）构建科学的实践教学考核评价模式

思想政治理论课实践教学是在教师主导、学生主体的相互作用下共同完成的，即教学过程包含了教师的教和学生的学两个部分。因此，对思想政治理论课实践教学的考核评价应该从两个方面来进行。一是对教师教学质量的考核评价，二是对学生学习情况和学习效果的考核评价。对教师教学效果的评价主要应从教师的知识储备、教学能力、教学过程的组织管理以及学生的学习效果反馈等方面来进行。要坚持教学相长的基本原则，建立评教与评学紧密结合的评价模式，把学生的学习效果与教师的教学行为关联起来，教学评价不仅要考量教师教了什么、教了多少，还要考量学生学了什么、学了多少、学习效果如何，通过对教师实践教学的考核评价来促进教师的教学发展。对学生学习效果的评价主要应从学生的知识、能力的获得情况来进行。由于人的思想政治素质的形成和行为习惯的养成不是一朝一夕的事情，而是一个长期、动态发展的过程，人的思想政治意识的建立和认知的发展也是一个由浅入深、由表及里、不断上升和完善的过程，这就决定了思想政治理论课实践教学的考核评价模式必须摒弃静态考核（如结果考核）、单一形式考核（如笔试或口试）、知识考核（如理论试题考核）等传统的思想政治理论课考核模式，而要建立符合思想政治教育的基本规律、青年学生心理发展的基本规律和大学生成长成才基本规律的实践教学综合评价体系，构建以过程考核为原则，以项目考核为重点，以动态考核、多形式综合考核、能力考核为主的实践教学考核评价模式，考核的过程要体现持续性，考核的内容要突出针对性、重点性、职业性，考核的方式要体现实用性、有效性和可操作性，考核的结果要体现准确性、客观性和公正性。

第五章　职业院校思想政治理论课实践教学方法

教学方法是指教师和学生在教学过程中为实现教学目的、完成教学任务而采取的各种活动方式、手段和程序的总称。职业院校思想政治理论课实践教学方法是职业院校开展思想政治理论课实践教学的具体方式、方法和手段的总称，是实践教学活动具体组织落实的外在表现形态，也是思想政治理论课实践教学目标实现的具体途径和必要过程。正确的教学方法不仅能够帮助教师顺利地完成教学过程、达成教学目标，而且能够增进学生的学习自觉性、提高学生的学习效率。运用正确的方法开展实践教学，构建科学有效的实践教学方法体系，对于改善思想政治理论课的课程效果、提升思想政治理论课的教学质量，具有至关重要的意义。

一、坚持实践教学与理论教学相结合的基本指导思想

思想政治理论课实践教学方法的运用并不独立存在的一部分。实践教学方法是思想政治理论课教学方法体系的重要组成部分，具有与理论教学方法同等重要的地位。实践教学方法需要根据课程目标的整体需要和理论教学的具体需要来选择，不同的理论教学需要佐之以相应的实践教学方法。因

此，思想政治理论课实践教学方法体系的构建必须坚持实践教学与理论教学相结合的基本指导思想。

(一) 思想政治理论课实践教学与理论教学的辩证关系

纵观我国职业院校思想政治理论课教学的历史和现状，长期存在实践教学与理论教学相互分割的情形。导致这种现象的思想根源在于没有正确理解实践教学与理论教学的辩证关系。作为思想政治理论课教学形式的重要组成部分，实践教学与理论教学共生于思想政治理论课教学方法当中，既相互区别又相互联系，呈现一种辩证统一的关系。

两者的区别主要表现在：第一，概念上的相对性。两者都属于思想政治理论课不可分割的重要组成部分，同时又是两个相互区别、相互对应的概念。实践教学因理论教学的需要而产生，理论教学对应实践教学而存在，各有各的目标和要求，各有各的规律和现象，各有各的方法和路径，性质不同，功能有别，自成一方，不能相互替代。第二，教学目标上的差异性。实践教学是以能力和技能培养为目标的教学形式。根据《教育大辞典》对实践教学概念的解释，实践教学是相对于理论教学的各种教学活动的总称，包括实验、实习、设计、工程测绘、社会调查等。实践教学旨在使学生获得感性知识，掌握技能、技巧，养成理论联系实际的作风和独立工作的能力。这与理论教学以系统理论知识培养为核心的教学目标有着根本性的差异。第三，教学方法上的差异性。实践教学与理论教学目标的差异性直接决定了两者采取的教学方法有根本性的不同。实践教学以实验、实训、社会活动、自我锻炼为主，理论教学则以知识讲授、理论传导为主。第四，教学主体的差异性。实践教学以培养学生的能力、技能为核心的目标导向决定了在教学过程中必须采取以学生为主体的原则，强调通过学生的自主学习、自主参与、自我实践、自我体验来达到教育教学的目标和效果。理论教学则以理论和知识的学习为目标导向，因而更加强调教师在教学过程中的作用，采用的是以教师为主体的原则，通过教师进行理论讲授或知识灌输来达到教育教学的目标和效果。

同时，两者又是相互联系的。这种联系主要表现在：第一，教育目标的统一性。虽然实践教学与理论教学在教学目标上有所差异，但这种差异性又共同统一于思想政治理论课的整体教育教学目标中。从教育目标上看，思想政治理论课是"落实立德树人根本任务的关键课程"，根本任务是培养社会主义事业的建设者和接班人。从教学目标上看，思想政治理论课要帮助学生掌握马克思主义的基本原理，学会运用辩证唯物主义和历史唯物主义的思想方法分析问题和解决问题，"教育引导学生正确认识世界和中国发展大势，正确认识中国特色和国际比较，正确认识时代责任和历史使命，正确认识远大抱负和脚踏实地"[1]。第二，教学内容的一致性。作为思想政治理论课的不同教学形式，实践教学和理论教学共同服务于思想政治理论课理论教学的教学内容这一核心。一般来讲，有什么样的理论教学内容，就需要配合什么样的实践教学内容以及活动安排，脱离了理论教学的内容和主

---

[1] 习近平. 把思想政治工作贯穿教育教学全过程 开创我国高等教育事业发展新局面［N］. 人民日报，2016-12-09（1）.

题，实践教学就成了无源之水、无本之木，就失去了思想政治理论课的核心和灵魂。第三，教学过程的同步性。与理论教学一样，实践教学也需要按照理论教学的内容和顺序来制定教学计划、设计教学活动、选择教学方法，同时要有步骤、有秩序、有规范地开展和落实，实践教学必须体现理论教学内容之间的逻辑关系，反映理论教学步骤的递进关系，按照理论教学的进度同步推进。第四，功能之间的互补性。实践教学和理论教学是思想政治理论课不可分割的组成部分，共同服务于思想政治理论课的需要，双方通过发挥各自的功能优势，共同完成思想政治理论课的教学目标和教学任务。实践教学能够拓展理论教学的深度和广度，检验理论教学的科学性，印证理论教学的有效性，帮助理论教学成果的巩固和提高。理论教学能够为实践教学提供内容和素材，提供价值引导和思想指引，提供科学的方法论指导。实践教学与理论教学的成果还可以相互转化，实践教学促进理论教学不断深化和发展，理论教学促进实践教学不断改进和提高，双方相互促进、互相提升、相得益彰。

（二）思想政治理论课实践教学与理论教学有机结合的基本原则

思想政治理论课实践教学与理论教学的辩证统一的关系决定了实践教学必须与理论教学实现有效衔接、有机结合才能发挥思想政治理论课的教育功能和作用。要实现实践教学与理论教学的有机结合，必须遵循三个基本原则。

1. 教、学互促原则

教学活动本质上是一种以人才培养为目标的社会实践活

动,它以建构学生的知识体系、发展学生的主体能力、增进学生的主体意识、培养学生的主体人格为根本任务,通过教师的"教"与学生的"学",在教师与学生之间建立一种沟通、交流、互动、互促的深度交往关系,最终达成教育的目标效果。思想政治理论课是最典型的以人的培养为目标的课程,立德树人是思想政治理论课的根本任务。思想政治理论课的这一特性决定了思想政治理论课要特别强调教师与学生之间的互动,必须实现教师的"教"与学生的"学"相贯通,理论教育必须与学生的自主学习和主动参与结合起来,通过教师的提问和学生的反思反复交锋、不断磨合,实现教学相长、互相促进。

2. 理论灌输与实践内化并重原则

习近平总书记在学校思想政治理论课教师座谈会的讲话中提出了"八个相统一"的思想,其中一个就是灌输性和启发性相统一。理论灌输是思想政治理论课的基本方法,也是最主要的方法,理论灌输对于人的思想培养具有其他方法所不可替代的作用。但是,理论灌输的效果最终还是要通过学生接受的程度来检验,这就需要通过理论教学和实践教学共同来实现。理论教学以教师的理论灌输为核心目标,实践教学以学生的实践内化为主要目标。在思想政治理论课教学过程中,教师通过理论灌输的方式给学生的学习提供必要的知识与信息、方法与路径、建议与设想,学生通过实践活动在教师灌输的基础上生成新的认知发现、养成科学的思维方法、增强自我学习能力、培养反思质疑并提出新问题的能力,从而实现自我学习和成长。

3. 教师主导与学生主体并重原则

在思想政治理论课理论教学与实践教学中，教师和学生的地位是有所差别的。理论教学以知识传递为主要目标，需要通过教师进行主动性的理论灌输来实现，因而教师在理论教学活动中居于中心的地位。实践教学以能力养成为主要目标，需要通过学生的自主参与、自我体验来实现，因而学生在实践教学活动中居于中心的地位。尽管教师和学生在这两种不同的教学活动过程中所扮演的角色和所处的地位是有差异的，但在思想政治理论课整个教学活动过程中必须强调教师主导与学生主体并重的原则。这是因为，思想政治理论课是立德树人的关键课程，培养什么人、如何培养人、为谁培养人是思想政治理论课要解决的三大根本问题。思想政治理论课特殊的课程性质决定了思想政治理论课的教学必须强调思想引领和价值引导，这就要求教师必须坚持对教学活动的主导性以确保教育教学的价值取向和目标指向。而思想政治理论课以人的能力素质提高和行为养成为主要目标的课程特点，以及学生成才成长的规律和现代教育规律又决定了思想政治理论课必须倡导学生在教学活动中的主体性以促进教育教学的效果和目标的达成。可以说，思想政治理论课教学是在教师主导和学生主体的共同作用下完成的教学实践过程。

（三）思想政治理论课实践教学与理论教学有机结合的基本路径

1. 育人目标相统一

作为思想政治理论课的两种教学形式，实践教学与理论教学共同存在并统一于思想政治理论课的教学方法体系当中，共同为思想政治理论课的课程目标服务。思想政治理论课的各课程都要按照本课程的知识结构、教材内容体系、课程特色、课程要求来构建自己的课程目标，并以此为依据搭建理论教学内容体系和设计实践教学活动方案。如"思想道德修养与法律基础"课的实践教学与理论教学都要以帮助大学生形成正确的人生观与价值观、树立崇高的理想信念、养成良好的道德品质、确立科学的法治观念为基本目标组织教学；"形势与政策"课则要以帮助大学生全面正确地认识党和国家面临的形势和任务、教育与引导学生正确认识世界和中国发展大势、正确认识青年人的时代责任和历史使命为基本目标组织教学；等等。教育方向一致、育人目标一致是思想政治理论课实践教学与理论教学有机结合的基本要求。

2. **教学内容相融合**

实践教学与理论教学在功能上具有互补的关系，双方能够相互印证、相互支撑、相互促进。在理论教学中，教师为了更好地阐释理论，往往需要采用大量的实践方法对其理论进行不断地说明和印证。为了增进理论教学的生动性、吸引力、实效性，教师也会运用大量的实践教学方法激发学生的主动性、参与性。反过来，不同的实践教学活动也同样需要与其内容相适应的理论教学内容进行理论的支撑、观念的引领和方法的指导。通常来讲，理论知识越雄厚，对理论的理解越全面、准确，越有利于人们科学地确定实践活动的目标、选择实践活动的路径和方法。由于思想政治理论课教学是建立在对复杂社会现象分析与判断的基础上开展的，是针对人的思想、观念、素质培养进行的教育教学活动，是一个复杂的育人过程,因而必须经过在理论指导下的科学实践和在实践基础上的理论总结这样一个学习过程,并且不断地循环往复,才能实现实践教学中教与学的目标和效果,才能促进教学相长,推动教师与学生的共同发展。

3. 教学进度相衔接

教学进度衔接是由思想政治理论课的教材体系结构和教学体系结构决定的。每一种课程都有其自身的知识体系结构和知识体系之间的逻辑关系和内在联系,反映在教材中就是教材内容体系结构,反映在具体教学中就是教学内容体系结构。由于这些知识体系结构往往具有由浅入深、由易到难、由简单到复杂、由基础到前沿这样一个层层递进的关系结构,因此,教学活动就要与教材的体系结构和教学内容的体系结构相适应,按照一定的先后顺序和不同的难易程度来开展,并且针对不同的理论教学内容设计不同的实践教学活动,针对不同程度的理论教学要求安排不同的实践教学内容。实践教学与理论教学的进度只有做到有机衔接、相互匹配,才能起到同向同行、相互支撑、强化效果的作用。

4. 考核过程相结合

考核评价是教学活动的重要环节,是对教师教学效果和学生学习成果的检验,也是教学活动完整性的体现。是否实现了理论与实践相结合,是否实现了知行合一,是否实现了知、情、意、信、行全面提升,是评定思想政治理论课教学效果好坏的最终标准。这就要求思想政治理论课在考核评价环节必须做到两个方面。一是思想政治理论课的课程成绩必须由理论教学成绩和实践教学成绩两部分组成,充分体现考核内容的全面性和完整性。二是实践教学的评价指标体系中要体现理论教学的内容要求和学习效果情况，即理论学习的情况需要在实践教学成绩评定的指标体系中占有一定的权重，以此来检验实践教学与理论教学在教学目标、教学内容、教学效果上的融合程度，以体现思想政治理论课理论性与实践性有机结合的教学要求。

二、职业院校思想政治理论课实践教学的方法类型

思想政治理论课实践教学是一项综合性、多样化的复杂的教学活动，教师们在长期的教学实践过程中，结合思想政治理论课的教学内容、学习要求、学生学习特点等多种因素，以便利性、有针对性为标准，采用各种有益和有效的实践教学方法，相互叠加运用，取长补短，从而使职业院校思想政治理论课实践教学的方法呈现立体多元、种类繁多之态。

（一）按照教学方法的外部形态分类

我国著名教育家李秉德教授按照教学方法的外部形态和这种形态下学生认识活动的特点将教学方法分为了五大类，这五大类教学方法在我国职业院校思想政治理论课实践教学中被广泛使用。

1. 以语言传递信息为特征的教学方法

以语言传递信息为特征的教学方法包括课堂讨论法、演讲辩论法、案例分析法、听专题报告法、新闻播报法、读书指导法等。这类教学方法主要通过书面语言和口头表述，在

教师与学生之间进行知识或信息的传递。这类教学方法是思想政治理论课实践教学中应用最为广泛的教学方法，通常在课堂教学中使用。

2. **以直接感知为主要特征的教学方法**

以直接感知为主要特征的教学方法包括演示法、参观考察法、角色体验法等。这类教学方法主要通过教师的实物演示、现场演示或组织学生参观、考察等方法，通过学生自己的亲身感受，从而获取知识和信息，提高自己对事物的判断能力。这类教学方法因其真实性、具体性、直观性的特点，受到教师和学生的喜爱。

3. **以实际训练为主要特征的教学方法**

以实际训练为主要特征的教学方法包括角色扮演法，模拟法庭训练法，模拟现实演练法，撰写观后感、读后感、学习心得体会法，开展知识竞赛、歌咏比赛法等竞赛类方法，以及总结汇报、文艺汇演等展演类方法。这类教学方法通过学生的自主参与、模拟演练，能够加强学生的体验感，激发学生的积极性，有利于巩固学生的理论学习效果，推动学生的认识向纵深层次发展。

4. **以欣赏活动为主要特征的教学方法**

以欣赏活动为主要特征的教学方法包括欣赏法、陶冶法等。这类教学方法通过教师创造一定的环境和情境，使学生沉浸在环境和情境中，利用环境熏陶，达到教育教学效果。例如，艺术美和自然美的欣赏、道德行为的欣赏、理智的欣赏等。欣赏法和陶冶法特别适合运用在审美教育、传统文化教育和英雄人物事迹宣传教育的实践教学活动中。

5. 以引导探究为主要特征的教学方法

以引导探究为主要特征的教学方法包括社会调查法、问题调研法等。这类教学方法主要通过教师组织和引导学生进行独立的实践探究，从而达到获取知识和信息，以及培养和发展学生观察问题、分析问题、解决问题的能力的教学效果。例如，各个学校围绕思想政治理论课教学内容开展的寒暑假社会实践调查，针对社会公德、大学生价值观等主题开展的问卷调查或调研等，应用很普遍，使用范围很广。

（二）实践教学方法的其他类型

由于我国职业院校思想政治理论课实践教学的内容极其丰富多样，需要在不同的时间、不同的场域、不同的环境、不同的条件、不同的方法与技术手段下进行，因而还可以从其他角度对实践教学方法进行分类。

柳礼泉教授在其《大学生思想政治理论课实践教学研究》一书中将实践教学方法划分为六种类型。一是按实践环境的不同划分，思想政治理论课实践教学可分为自我实践和社会实践两大类型。二是按课堂性质的不同划分，思想政治理论课实践教学可以划分为课堂内（课中）的实践教学和课堂外（课后）的实践教学。三是按教育功能的不同划分，思想政治理论课实践教学可以分为以思想教育为主的实践教学、以服务为主的实践教学和以培养能力为主的实践教学。四是按实践教学利用的手段、方法和形式的不同划分，思想政治理论课实践教学又可以分为四大类，即社会实践类、语言表达类、音像图书类、第二课堂类。五是按与客观世界的关系不同划分，思想政治理论课实践教学可以分为现实性的实践教学和虚拟性的实践教学两大类。六是按层次程度的不同划分，思想政治理论课实践教学可以分为基地教育、校园文化、社会实践三大类。①

随着人们对我国职业院校思想政治理论课实践教学的不断探索，除以上传统方法被广泛应用外，还有一些具有技术上的突破性和形式上的创新性的新型实践教学方法也被开发和利用起来。比较突出的有利用校内多功能思想政治理论课实践实训基地（有学校称为实训演练中心）开展的实践教学活动，利用行业企业思想政治理论课实践教学基地开展的实践教学活动。在网络课程普及的今天，线上实践教学也成了思想政治理论课实践教学的重要方法。特别是随着网络信息技术、数字技术、计算机技术的高速发展，运用虚拟现实技术、人工智能技术、以互联网软件平台为依托开展实践教学，成为思想政治理论课实践教学方法创新的重要方向。

三、几种主要的思想政治理论课实践教学方法

开展思想政治理论课实践教学的方法和形式多种多样，不同的教学方法和手段所要达到的教学目的不尽相同，效果也有所差别。实践教学要针对不同的教学内容选择最合适、最恰当的教学方法，以达到最优的效果。从职业院校思想政治理论课实践教学的实践经验看，最为常用的实践教学方法类型主要有校内课堂实践、校园实践、校外社会实践、网络

---

① 柳礼泉. 大学思想政治理论课实践教学研究［M］. 长沙：湖南大学出版社，2006：58－63.

实践等，具体的实现方法则多种多样。

（一）课堂实践教学方法

思想政治理论课课堂实践教学方法是指在思想政治理论课理论教学的基础上，在教师的指导或引导下，以课堂为阵地，以理论知识为依据，以学生的主体实践性活动为形式，以学生自主学习、自我体验、自主实践、自我提高为特征，结合大学生的专业实际，旨在培养和提高学生学习与运用理论能力的一种实践教学方法。具体的实践方法包括讨论、辩论、比赛、角色扮演、作品展示等。与理论教学相比，课堂实践教学方法侧重于在教师的指导下，以学生为主体，开展学生能够积极主动参与、师生实现双向互动交流的具有创造性的教学活动。课堂实践教学方法能够促使大学生关注社会现实问题，学会独立思考，激发大学生的学习兴趣和积极性，提高大学生分析问题、解决问题的能力，是职业院校思想政治理论课教学中的重要环节和有机组成部分，与课堂理论教学相互结合、相辅相成，能更好地增强思想政治理论课教学的针对性与实效性。课堂实践教学操作相对简单，成本较低，如果组织与实施得当，可以起到事半功倍的效果。调查发现，学生普遍对思想政治理论课教师在课堂上组织的以学生为主体进行的讨论、辩论、比赛、角色扮演等实践教学活动认可度较高，同时认为这些方法可以增进同学间的信息互动与交流，可以学习到别人的优点和认识到自己的不足，以及能够给自己提供一个展示自我的舞台。但是，课堂实践对教师和学生的要求都比较高，在开展课堂实践教学过程中，需要教师对课堂活动进行有效的组织和管理，需要学生在课前对课堂上所要讨论的主题有充分的了解和准备，要求教师在课内和课外都要对学生进行指导和把控，以保证课堂实践任务的顺利完成和预期教学目的的最终实现。

（二）校园实践教学方法

思想政治理论课校园实践教学，主要指思想政治理论课教师以校园环境为载体，通过引导学生积极参与校园文化活动、校园管理活动、学生校园生活等，指导学生在校园活动中学会做人、学会做事，培养关心和帮助他人的助人为乐精神，提高沟通交流、组织协调能力，增强团队合作意识，从而养成高尚的品德和作风。校园实践教学方法运用的主要场所是校园，主要的载体是学校各种各样的校园文化活动。与课堂教学相比，校园文化活动属于思想政治教育的"第二课堂"，是职业院校隐性思想政治教育载体的重要内容。开展好校园实践教学，必须要注意把课程优势与学生的特点、兴趣点紧密结合，吸引学生积极参与，设计主题鲜明、有利于在校园中开展的实践项目。校园实践教学活动的形式广泛多样，如学校开展的公益活动、社团活动、文体活动、德育主题活动等。校园实践教学与校园文化活动有着不可分割的联系，二者在理论依据、根本目标上是相统一的，在内容和形式上存在着兼容性和互补性。校园文化活动是思想政治理论课校园实践教学模式的重要载体，充分借助校园文化活动开展思想政治理论课实践教学，不仅有助于校园文化的繁荣发展，更有助于提升思想政治教育的实效性。

（三）社会实践教学方法

思想政治理论课社会实践教学，主要是指依据思想政治理论课的教学任务，按照学校培养目标的要求，在教师指导下，在课堂教学之外，有计划、有组织地参加社会实践的思想政治教育教学活动。社会实践教学的活动形式和方法多样，如暑期社会实践活动、"青年志愿者"活动、社会考察、社会调查、社会服务、勤工助学等，是对大学生进行思想政治教育的一种重要形式，也是一种把大学生所学的理论知识运用于实际的表现形式。社会实践需要学生走出课堂和校园，真正投身到社会中去观察、了解和亲身参与社会实践活动，其有别于思想政治理论课课堂教学，是相对独立存在的一种教学模式。在社会实践中，学生通过真实的社会生活场景、环境，在现实生活中独立地发现问题、认识问题和寻求问题解决的方法，通过分析具体问题，独立地做出判断和决策，培养其运用所学理论解决实际问题的能力。由于社会实践教学需要学生投身于真实社会场景进行实践，因此，与其他实践教学模式相比，社会实践教学具有不可替代的地位和作用。

社会实践教学方法由于其教学场所的特殊性，需要在真实的社会环境中进行实践活动，因而其组织难度、管理难度、考核难度都比其他实践教学方法要大得多，学生参与的规模也受到极大的限制，但其重要意义又不是其他实践教学方法可以替代的。因此，对于社会实践教学，要注意四个问题：一是学校应充分认识社会实践在思想政治理论课教学中的地位与作用，加强对思想政治理论课实践教学的组织与领导，应从为社会主义事业培养合格的建设者和接班人的政治高度、素质教育的关键是思想政治教育的战略高度，重视思想政治理论课的社会实践环节，并给予大力支持。二是要精心组织，加强过程管理，最大程度地实现社会实践教学效果。为了保证社会实践教学的效果，要求指导教师在课前制订教学计划，精心设计实践教学的各个环节，进行先期布置，使学生明确实践内容，并持续对实践教学过程进行管理，在实践中有计划、有步骤地组织开展实施教学，并在每一次实践项目结束后及时认真地总结经验，分享成果，争取最大程度实现教学目的和效果。三是要重视社会实践教学评价考核机制的构建，促进社会实践教学机制的不断完善。思想政治理论课社会实践教学的评价考核具有重要价值和意义，通过对社会实践环节教学的评价考核，能够对实践环节教学实践方案的执行效果进行有效检验，获得参加社会实践活动师生的反馈信息，为今后更好地组织学生的社会实践活动提供重要参考和指导。另外，实践教学考核体系的建立，能够较为完整地记录学生的实践过程，使后期针对学生实践活动的评价有据可查，也能够对学生实践活动的真实性提供进一步保障。四是要积极探索与开展特色实践教学。职业院校大多具有自身独特的办学特色优势，在思想政治理论课社会实践教学中，思想政治理论课教师可以贴近学校办学实际，围绕学校的人才培养目标，大胆探索，设计出适合本校专业特色的实践教学项目，不断推进思想政治理论课实践教学改革，深化拓展实践教学内容。

（四）网络实践教学方法

随着互联网技术的飞速发展，网络已经成为职业院校师生学习和生活的重要组成部分。互联网以其开放性、灵活性、共享性、交互性的特点，为职业院校思想政治理论课实践教学方法的创新提供了新的空间和领域。网络实践教学通过现代信息技术手段的革新，运用互联网和多媒体教学，使思想政治理论教育集动态与静态、课堂内外、线上线下于一体，以开放的态度打破思想政治理论课相对固化隔离的功能性预设分区，构建与学生相互信赖、畅通交流的渠道，形成互动参与和良性反馈相结合的增进模式，不断强化学生与外界的相互作用，增强学生在真实与虚拟切换参与中的情绪体验，从而产生积极有效的互动行为。[①] 相比其他形式的实践教学，思想政治理论课网络实践教学是一种全新的实践教学模式。借助现代网络技术手段，新媒体把声音、图像、文字、图表等信息表现形式综合起来，具有丰富性、生动性和逼真性的特点。网络实践教学依赖网络技术和网络信息资源，为学生营造一个模拟的社会实践环境，这在很大程度上能够解决传统思想政治理论课实践教学模式所面临的诸如因经费不足、学生人数多而造成的组织困难、安全等问题，因而更易于组织开展，可以让学生不需要走出校门，在教室就可以得到丰富而较为深刻的实践教学体验。此外，网络实践教学打破了课堂的时空界限，通过网络将经典案例、视频资

---

① 曹水群. 思政课网络实践教学及其优势发挥［J］. 高教学刊，2018（17）：94.

料、微课等优质教学资源供师生使用。这样既方便教师随时随地进行实践教学,也方便学生随时进行线上学习,教与学都打破了时空限制,实现随时学习、随时互动、随时监督和随时检查,更有利于价值引导和思想引领。网络实践教学还可以重构师生关系,促进师生关系和谐互动。网络实践教学把师生之间的交流沟通从线下延伸到了线上,使师生关系更为平等,教师不再是教育的权威和单向灌输者,更多的是辅助者和协助者,向学生提供教学资源,引导学生把理论落到实处,并能够从线上实时掌握学生的实践准备、过程和结果,甚至能够及时了解学生的心理变化和思想动态。这不仅便于教师及时调整实践教学计划和安排,而且能够有效帮助学生实现从感性认识到理性认识,再到实践的质的飞跃。师生通过线上的互动交流,不仅有效地改变了学生在实践教学中不良的感受与体验,有助于学生形成良好的学习体验、自觉获得知识,而且促进了师生之间和谐共处,增长了彼此的知识与能力,真正实现了共享与共生。这种实践教学模式的共享性和交互性,以丰富的优质实践教学资源与理论教学相互共享与衔接,实现了师生之间、教与学之间的和谐互动,从而能够有效提高思想政治理论课教学的实效性。这种师生之间的互动是在平等基础上的双向交流,具有民主、平等、积极、有效的特点,在这个过程中,学生的主体意识得到强化、主体地位得到提高、创新意识得到培养、批判思维得到发展、学习效果得到提高。也正因为如此,网络实践教学方法才更容易受到广大学生的欢迎。

四、红色资源在思想政治理论课实践教学中的运用

2021年5月,《求是》杂志发表了习近平总书记的重要文章《用好红色资源,传承好红色基因,把红色江山世世代代传下去》。习近平总书记在文章中多次指出,革命博物馆、纪念馆、党史馆、烈士陵园等是党和国家红色基因库。要讲好党的故事、革命的故事、根据地的故事、英雄和烈士的故事,加强革命传统教育、爱国主义教育、青少年思想道德教育,把红色基因传承好,确保红色江山永不变色。要抓好党史、新中国史的学习,用好红色资源,增强党性教育实效,让广大党员、干部在接受红色教育中守初心、担使命,把革命先烈为之奋斗、为之牺牲的伟大事业奋力推向前进(2019年9月18日习近平总书记在河南考察工作结束时的讲话)。① 要把这些丰富的红色资源作为主题教育的生动教材,引导广大党员、干部深入学习党史、新中国史、改革开放史,让初心薪火相传,把使命永担在肩(2019年11月3日习近平总书记在上海考察工作结束时的讲话)。② 红色资源作为中国共产党领导中国革命和建设的重要历史见证和中华民族的宝贵财富,是思想政治理论课开展实践教学的重要

---

① 习近平. 用好红色资源,传承好红色基因,把红色江山世世代代传下去[J]. 求是,2021(10):15.
② 习近平. 用好红色资源,传承好红色基因,把红色江山世世代代传下去[J]. 求是,2021(10):16.

素材和资源。加强红色资源在思想政治理论课开展实践教学中的运用是思想政治理论课实践教学的重要内容和必然要求。

（一）用好红色资源的三种价值

红色资源是指在中国共产党领导中国人民在革命斗争时期为争取民族独立和人民解放、为国家繁荣发展和民族富强而进行的社会主义革命和建设时期以及改革开放时期整个历史过程中所形成的物质、精神和制度形态的统称，是中国先进文化的重要载体和不可或缺的组成部分。红色资源按其性质和形态划分，可以分成两大类型。一类是物质文化资源，包括各种革命烈士纪念馆、革命烈士陵园、纪念馆、遗址遗迹、历史文物、文献资料、文学作品等等；还有一类是非物质文化资源，包括各种政治思想和意识形态、政策制度、纲领文件、革命精神、道德传统、红色文化风情等等。红色资源的独特历史基因使其在思想政治理论课实践教学中具有重要且不可替代的价值。

1. **政治引领价值**

红色资源是中国共产党领导中国人民进行革命和斗争的历史记录和真实写照，生动反映了中国共产党的成长过程、奋斗历程和丰功伟绩，是中国共产党和中华民族的重要政治遗产，红色资源中凝聚的政治思想、政治理念、政治制度、政治经验，是保持我党政治本色的重要精神力量。2013年7月，习近平总书记在河北调研指导党的群众路线教育实践活动时，就深刻地揭示了毛泽东同志在西柏坡提出的"两个务必"思想对于党在取得革命胜利后经受住执政考验、防止骄傲自满、防止脱离群众的重大战略意义，以及新时期全党学习"两个务必"对于保持党永不变质、红色江山永不变色的重大政治意义。思想政治理论课运用红色资源开展实践教学必须强调红色资源的政治引领作用，教育引导学生坚定跟党走的信念和决心，把红色基因传承下去，把共产党人的精神血脉赓续下去，坚决拥护党的领导，贯彻党的路线、方针、政策，努力学好本领，积极投身于建设中国特色社会主义的伟大事业。

2. 文化传播价值

红色资源是在中国共产党领导中国人民进行革命斗争和社会主义建设发展中形成的宝贵财富，是优良传统、先进文化和革命精神的具体形态载体，中国革命和建设发展的每一个历史时期都产生了内容丰富、形式广泛的红色文化资源，这些红色文化资源是我国文化宝库的重要组成部分。从文化形态上看，有《太阳照在桑干河上》《把一切献给党》《义勇军进行曲》《黄河大合唱》《白毛女》《东方红》等各种类型的文学艺术作品；有红船精神、长征精神、延安精神、大庆精神、雷锋精神、焦裕禄精神、特区精神、航天精神等倡导各种价值理念的文化精神；有"砍头不要紧，只要主义真""头可断，肢可折，革命精神不可灭""官兵一致同甘苦，革命理想高于天"的崇高信念；有一切从实际出发、理论联系实际、实事求是的思想路线；有密切联系群众、一切依靠群众、清正廉洁的工作作风；有独立自主、艰苦奋斗、勤俭节约的道德风范；有批评与自我批评、勇于自我革命的优良传统；等等。思想政治理论课要充分利用红色资源的文化传播价值开展实践教学，通过各种教学活动形式，把红色文化中所蕴藏的思想价值、精神营养、艺术魅力和信仰力量传播出去，让学生在学习和了解中国红色历史的基础上，不断增强民族自豪感和自信心，坚定对中国特色社会主义的道路自信、理论自信、制度自信和文化自信，自觉担任红色文化的传播者。

3. 思想教育价值

习近平总书记指出："历史是最好的教科书。对我们共产党人来说，中国革命历史是最好的营养剂。多重温我们党领导人民进行革命的伟大历史，心中就会增添很多正能量。"[1] 红色资源中蕴涵了丰富的思想教育素材。在党的理论发展过程中，形成了以毛泽东思想、邓小平理论、"三个代表"重要思想、科学发展观、习近平新时代中国特色社会主义理论为主要成果，内容丰富、体系完备、意义深远、特色鲜明的思想理论体系，这些思想理论体系是马克思主义与中国实际相结合的产物，背后蕴涵了马克思主义辩证唯物主义和历史唯物主义的世界观和方法论。学习和掌握马克思主义的世界观和方法论，对于帮助大学生树立正确的世界观、人生观，用科学的思维方法分析和看待中国和世界发展过程中面临的问题，科学分析和处理人生中遇到的困难、问题和选择，有着至关重要的意义。红色资源中的先进模范人物资源库也具有极其优越的思想教育功能。伟大领袖、革命烈士、战斗英雄以及各行各业做出了不朽业绩的先进模范人物，他们的光辉事迹、先进思想、进步言论、高贵品格、不

---

[1] 习近平. 中国革命历史是最好的营养剂[M]//论中国共产党历史. 北京：中央文献出版社，2021：24.

朽精神，具有一种强大的思想感染力和精神感召力，能够起到教育、引导、鼓舞大学生的作用。

（二）构建"触、看、视、听、演"+"研、学、思、悟、行"教学方法体系

红色资源是一种物质或非物质的形态载体，蕴涵着各种鲜活的人物和故事、思想和精神、意志和品质、价值和信仰，红色资源就是这些人物故事、意志品质、价值理念的具象载体。运用红色资源开展实践教学，需要通过对红色资源进行全面的观察、体验和了解，然后上升到对红色资源内在精神、意义、价值的感悟，再内化为学生个人的信念意志，最终落实到学生的行为表现上。这是一个外感+内悟的过程，是一个从感性学习到理性思考再到行为实践全面提升的过程，是实践教学的两个相互衔接又逐级递进的阶段。

1. 外感阶段

外感主要是通过触、看、视、听、演的方式来实现的。所谓触，是指运用人的感官对红色资源进行直接触碰和亲身体验的一种教学方法，这种方法强调的是身体的直接接触和人的亲身体验，其优点在于直接、直观、体验感强，可以使学生加深了解和理解的程度，增强学习效果。如各校广泛开展的红色景点实地考察、红色文化足迹寻访、家乡胜迹参观等等，都是对这种教学方法的运用。所谓看，是指现场进行的运用人的视觉对红色资源进行观察、发现、学习和了解的一种教学方法。这种教学方法在思想政治理论课实践教学中经常被广泛地运用。如各校组织学生参观红色纪念馆、参观各种类型的主题展览、观看红色电影、观看红色文艺演出等

等。所谓视,是指运用多媒体视听技术,通过电脑、手机或其他多媒体电子产品对红色多媒体资源进行视觉观看的一种教学方法。这种教学方法强调通过视觉刺激获得学习效果,符合当代青年偏好视觉型学习方式的学习习惯以及喜欢使用多媒体电子产品的生活习惯,是一种创新型的教学方法。现在很多与教育相关的社会机构如出版社、教育技术公司等,都与学校联合开发了红色多媒体视听资源,用于思想政治理论课实践教学。所谓听,是指通过广播、电视、手机等工具收听红色视听教育资源以获取教学信息的一种教学方式。在多媒体技术、网络信息技术高度发达的今天,红色资源海量增长,广泛存储在广播、电视、网络等各种平台上,听是一种非常有效的实践教学方式。目前,我们有大量的如学习强国、人民网等优质学习平台,为运用这种教学方式开展以红色资源为素材的实践教学提供了优质的资源。所谓演,是指用文艺表演的形式演绎、重现红色历史故事、历史事件、人物角色进行实践教学的教学方式。如学生自行拍摄的红色题材的微电影,自行演出的话剧、舞台剧,诗歌朗诵及其他文艺表演。通过角色扮演、情景再现的方式,增强学生的历史代入感和共情感,强化实践教育效果。

2. **内悟阶段**

内悟主要是通过研、学、思、悟、行的方式来实现的。所谓研,是指通过实地考察、文献阅读等方式,对红色资源中蕴涵的知识、思想、理念、精神进行研究和探求真理的一种实践教学方法。强调通过对红色资源提供的教育教学素材进行深入的挖掘和探究,探寻红色资源背后的故事、事件的真相以及这些事件和现象的性质、规律等。所谓学,是指学生在实践教学过程中自主参与和自主学习的一种实践教学方法。这种方法要求学生要以积极主动的态度，按照教师设定的学习目标和任务，自觉搜集与了解红色资源的相关知识和信息，设定有效的学习方法和途径，并通过与教师的交流互动，不断修正实践活动的方法和路径，最终完成实践教学的学习任务。所谓思，是指学生在实践教学过程中要发挥大脑的功能和作用，对红色资源背后的人物、故事、事件、现象进行理性思考，发掘红色资源背后潜藏的时代背景、历史原因、相互关系、历史意义和当代价值，达到更深层次的教育教学效果。所谓悟，是指在研、学、思的基础上对已经取得的学习成果进行进一步反思，并形成自己关于问题的思想、观点、理念的实践教学方法。运用红色资源开展思想政治理论课实践教学最容易犯的一个错误就是浅尝辄止、走马观花。没有悟的实践教学是没有灵魂的实践教学，不能在学中悟就不能有深刻的反思，不能有心灵的碰撞和思想的升华，悟是实践教学的核心和关键。所谓行，是指身体力行。行是一切教育教学活动的根本归宿，运用红色资源开展思想政治理论课实践教学的最终目标是要教育与引导学生爱党爱国，树立正确的人生观和价值观，积极投身社会实践，做合格的中国特色社会主义事业的建设者和接班人。教学相长、学思并重、知行合一是思想政治理论课实践教学的重要特点，也是实践教学的根本要求。

五、思想政治理论课实践教学成果展示及其意义

思想政治理论课实践教学成果展示是职业院校思想政治理论课理论教学与实践教学效果的检验环节,也是职业院校思想政治理论课教学活动中十分必要的一环。

(一) 实践教学成果展示的概念

所谓思想政治理论课实践教学成果展示,是指学生将自己参与思想政治理论课实践活动的过程及收获通过适当的形式向教师、同学及社会相关部门及组织进行展示、分享以及获得反馈的过程。思想政治理论课实践教学成果展示的基本形式是与相应的教学方法相匹配的。一般来说,职业院校思想政治理论课的实践教学是通过课堂、校园、社会以及网络四个载体同时实施与开展的,教师在进行具体的实践教学模块设计的时候,就应该包含对相应的实践教学成果展示的设计。各类实践教学成果的展示,无论是展示方法还是展示范围,都应根据教学实际情况而定,从教学需求出发,为教学效果服务。就展示方法而言,通过讨论、演讲、辩论等方式呈现的实践成果应根据教学主题和教学安排在课内完成;实践报告、学习心得、研读体会类实践成果,既可以在课内通过主题演讲、幻灯片演示、播放微视频等形式完成,也可以在课外通过思想政治理论课网络教学平台、课程公众号平台或学校思想政治教育网站、专栏在线展示;具有学术研究价值的书面性优秀成果可以选择在学术刊物上公开发表;具有

现实参考性社会价值的成果应提交给相关部门或机构。就展示范围而言，实践教学成果展示一般包括班内展示、校园展示和校外展示等不同层次。实践教学的实施不是目的，通过实施实践教学提升思想政治理论课教育实效，从而落实立德树人的教育目标才是最终目的。因此，检验实践教学成果，通过学生展示实践教学成果，对学生进行进一步的教育指导是思想政治理论课实践教学实施过程中必不可少的环节。

（二）实践教学成果展示的意义

实践教学成果展示对于凸显职业院校思想政治理论课、丰富课程功能具有十分重要的意义，这种意义主要表现在三个方面。

1. 有助于进一步提升学生的学习与研究能力

学生展示自己的实践活动成果的过程，就是与老师、同学以及社会相关部门进行分享与交流的过程。教师对于学生实践成果展示进行评价和指导的过程就是及时反馈学生学习结果的过程。在教育活动中，反馈是影响学习者学习效果的重要因素之一。反馈对于学习的作用，具有动机和认知两个方面的效果。从动机上说，如果学习者对于自己的学习效果有比较充分的了解，知道自己的优势和存在的问题，从而产生了满意或不满意的情绪体验，就会进一步影响他的学习动机。从认知上说，通过反馈，学习者可以从结果中获取对于学习内容正确或错误的信息，从而成为指导他今后学习的定向依据。教育者及时有效的反馈，对于提升学习者的学习能力具有重要意义。在学生进行实践教学成果展示过程中，教师一方面充分总结、肯定学生在实践活动中所获得的成绩、收获与成长,强化学生对于实践活动意义的充分认识,明确进一步深入实践的方向;另一方面,及时发现学生在实践活动中对于理论学习在认知、理解中存在的问题,提出具体的改进意见并对学生的思想和行为进行切实指导,这对于增强职业院校思想政治理论课的实效性有着十分重要的作用。另外,实践教学成果的展示,也是大学生与同学、社会相互交流的过程。通过成果展示环节,同学之间、学习小组之间相互观摩与借鉴,取长补短,互相促进。在实践教学展示过程中可以采用同学互评、教师点评的方式,评比出该门课程实践教学优秀成果,并将优秀成果在学校相关平台展示。而向社会相关部门提供的展示与分享,也是同学们了解社会、扩大知识视野、完善自我评价与社会评价的一个重要窗口。总之,实践教学成果展示,是大学生提升自身学习与研究能力的一个宝贵机会。

2. 有助于思想政治理论课在教学相长中不断改进

教学过程应是教与学相辅相成的过程。《礼记·学记》中说:"学然后知不足,教然后知困。知不足,然后能自反也;知困,然后能自强也。"[1]教与学是相互促进、相互制约的矛盾统一关系。一方面,教师对学生的指导使学生获得发展;另一方面,学生的要求与问题,又促进教师在反思和学习中不断进步。通过实践教学成果的展示,教师在直接获取学生学习结果并对学生进行继续指导的同时,亦能通过学生在参与实践活动及展示成果过程中所表现出的兴趣特点、参与热情、完成效果等因素直接把握学生对于思想政治理论课

---

[1] 陈澔注,金晓东校点. 礼记 [M]. 上海:上海古籍出版社,2016:415.

在教学内容与教学方式上的期待，从而为教学手段与方法的及时调整与改进提供有效依据。这是不断激发学生对于思想政治理论课的兴趣、提升学生获得感的一个重要途径。伴随着思想政治理论课改革创新的深化，为增强思想政治理论课的思想性、理论性和亲和力、针对性，展示大学生实践教学成果已经成为越来越受到重视的思想政治理论课改进措施。近年来，教育部组织开展了一系列职业院校思想政治理论课实践教学成果展示的相关活动。例如，旨在深入推动习近平新时代中国特色社会主义思想进教材、进课堂、进学生头脑的"习近平新时代中国特色社会主义思想大学习领航计划系列主题活动"，以其丰富多样的形式，如"全国职业院校大学生思想政治理论课艺术作品展""全国职业院校大学生讲思想政治理论课公开课展示""全国职业院校大学生微电影展示'我心中的思想政治理论课'""职业院校大学生马克思主义理论学习夏令营'思想政治理论课学习之星'"等获得了全国各个职业院校以及大学生们的高度关注与热情参与，取得了良好的教育效果和社会反响。

3. 有助于充分展示职业院校思想政治工作成绩以及指明改进方向

思想政治理论课是职业院校思想政治工作的主渠道、主阵地，因此，大学生进行思想政治理论课实践教学成果展示，也是职业院校思想政治教育工作成果展示的一个重要部分。思想政治工作是贯穿于高等教育教学全过程的工作，它关系到职业院校培养什么样的人、如何培养人以及为谁培养人这三个根本问题。因此，展示思想政治理论课实践教学成果也是总结职业院校思想政治工作成绩、发现问题，从而提升职业院校思想政治工作水平的一个重要途径。例如，讨论会、辩论赛、研读经典等实践教学的成果展示，是对大学生理论水平与政治素养的一个综合考验与呈现；与校园文化相结合的竞赛类、展演类实践教学成果的展示，是大学生们对于理论教育的政治认同、思想认同特别是情感认同的生动彰显，是大学生们弘扬时代主旋律、展示社会正能量、激发昂扬向上的精神品质的宝贵窗口。同时，实践报告、问卷调查、学术研究等实践成果的校内外展示，与其他职业院校、社会相关部门的交流与分享，也是汇报职业院校思想政治工作成绩，展示职业院校思想政治教育时代价值的良好契机。

（三）实践教学成果展示案例

职业院校思想政治理论课实践教学设计案例
——以全球战"疫"中国答卷的启示为教学素材

一、实践教学选题依据

1. 理论依据

当前中国特色社会主义进入新时代，中华民族伟大复兴处于关键时期，职业院校思想政治理论课承担着培育时代新人的重任。基于此，科学建设思想政治理论课教育资源、科学组织授课内容，紧握时代脉搏、聚焦和解释时代问题，从而增强思想政治理论课的思想性、理论性和亲和力、针对性，对于落实职业院校思想政治理论课立德树人的根本任务，具有重要意义。

新型冠状病毒肺炎是近百年来人类遭遇的影响范围最广的全球性大流行病，也是新中国成立以来发生的传播速度最快、感染范围最广、防控难度最大的一次重大突发公共卫生事件，对中国是一次危机，也是一次大考。中国共产党带领中国人民艰苦努力，全力以赴，书写人民至上的中国答卷。这份答卷，赢得了中国人民的满意和真心拥护，为国际社会所震撼和赞誉。这份经得起历史检验的中国答卷，因其具有的强烈的时效性和全民实践性，成为职业院校思想政治理论课开展实践教学极其宝贵的教学素材和巨大财富。

2. 实践依据

2020年的中国战"疫"伟大历程，对身处全民战"疫"中的每一个青年大学生来说，都上了一堂极其生动又特殊的思想政治理论课之社会实践课。在这堂特殊的社会实践课里，学生们通过亲身体验与思考，更深刻地了解国情党情世情、感受到自己所处的时代方位，更深刻地了解世界和中国发展大势、感受到中国特色社会主义实践进程与自身生活及其未来的密切联系。如何将学生的感性认知转化为深刻的理性认知，如何促进学生在精神世界中将知识体系转化为信仰体系，实践教学环节具有重要作用。正如习近平同志所说："'大思想政治理论课'我们要善用之，一定要跟现实结合起来。"彰显中国奇迹、中国力量、中国智慧的全球战"疫"中国答卷，通过实践教学深刻融入职业院校思想政治理论课教学，与理论灌输密切配合，对于引导青年大学生面对时代大任树立崇高理想信念，提升使命感和责任意识，积极规划人生发展等，具有重大引领作用。

二、实践教学目标和任务

（一）知识目标

以全民战"疫"中国答卷启示为教学素材的实践教学，应与现有职业院校思想政治理论课的教材内容高度融合，实现其对职业院校思想政治理论课理论教学的有效丰富和深化。根据各门思想政治理论课教学安排，结合相关教学内容开展实践教学，包含以下知识目标。

1. 从全球战"疫"中国答卷解读中国共产党使命

以对共产党执政规律的认识和把握为基础，通过解读全球战"疫"中国答卷，引导学生深刻理解中国共产党坚持以人民为中心的执政立场、全心全意为人民服务的宗旨、为人民谋幸福的初心使命和勇于自我革命，不断加强自身能力的党的建设进程。

2. 从全球战"疫"中国答卷解读中国特色社会主义制度优势

以对社会主义建设规律的认识和把握为基础，在"国家治理体系和治理能力"视域下，通过解读全球战"疫"中国答卷，引导学生深刻认识中国特色社会主义制度和国家治理体系的显著优越性。

3. 从全球战"疫"中国答卷解读中国精神

以弘扬爱国主义精神、坚定"四个自信"为基本目标，引导学生通过读懂中国答卷，把爱国情、强国志、报国行自觉融入坚持和发展中国特色社会主义事业、实现中华民族伟大复兴的奋斗之中。

4. 从全球战"疫"中国答卷解读中国发展与世界秩序之关系

以对人类社会发展规律的认识和把握为基础，在"人类命运共同体理念"视域下，为学生解析全球战"疫"中国答卷背后揭示的中国发展的目标、历史机遇和风险挑战，为学生厘清国际意识形态领域内存在的关于中国发展认识的错误观点与思潮。

5. 从全球战"疫"中国答卷解读新时代青年大学生使命责任

引导青年大学生深化对自身使命责任的认识。通过解读全球战"疫"中国答卷，引导大学生积极回应时代挑战，勇于担当时代重任，坚定理想、增强本领、立志为新时代贡献青春力量。

(二) 情感态度与价值观目标

以全球战"疫"中国答卷的启示为教学素材，开展实践教学，引导青年大学生在理论思维层面上深化对党的领导的认识、对中国特色社会主义制度的认识、对中国精神的认识、对中国发展与世界的关系以及对自身使命责任的认识，强化对祖国、对中国共产党和中国特色社会主义的热爱，从自我做起，坚定理想信念、坚定四个自信、弘扬中国精神、践行社会主义核心价值观，在全社会起到良好的带头示范作用。

三、实践教学项目设计（根据实际教学安排选择完成）

(一) 实践项目一：撰写全球战"疫"中国答卷启示报告

1. 实践时间：根据具体教学计划安排
2. 实践地点：课外
3. 实践流程

(1) 教师发布实践任务，通过陈述实践活动的目的和意义引导学生领会实践任务并积极准备。教师提出关于报告的内容与格式、小组人数、字数、提交时间、展示形式等具体要求。

（2）学生组织团队、查找资料、阅读资料、小组讨论。

（3）小组成员在规定的时间内合作完成调查报告并提交报告。

（4）教师点评学生实践成果，优秀成果在课程平台及校园网思政专栏展示。

（二）实践项目二：观看战"疫"视频，撰写观后感

1. 实践时间：根据具体教学计划安排

2. 实践地点：多媒体教室

3. 实践流程

（1）教师准备教学视频《全国抗击新冠肺炎疫情表彰大会》《教育部"全国大学生同上一堂疫情防控思政大课"》等具有深刻教育意义的视频资料。

（2）组织学生观看视频，就视频内容发表观点、展开讨论。

（3）教师总结提升。

（4）要求学生撰写观后感，学习和弘扬伟大抗疫精神。

（三）实践项目三：制作音频或微视频讲述抗疫故事。

1. 实践时间：根据具体教学计划安排

2. 实践地点：课外实施，课程教学平台或校园网思政专栏展示实践成果

3. 实践流程

（1）发布实践任务，提出具体实践要求。

（2）学生组织团队、收集资料、讨论主题、内容及作品形式，撰写音频、视频脚本，合作完成作品。

（3）音频、视频作品在课程平台展示，学生在线评论，评选优秀作品。

(4) 在课内展示优秀作品。优秀作品推荐参加校内外学生文化活动展示。

(四) 实践项目四：大学生讲思想政治理论课"全民战'疫'中的中国精神"

1. 实践时间：根据具体教学计划安排
2. 实践地点：课外实施，课堂展示实践成果
3. 实践流程

(1) 教师发布实践任务，积极发动学生。

(2) 学生组织团队、查找资料、阅读文本、小组讨论、撰写授课教案。

(3) 教师指导学生不断修改、完善授课教案。

(4) 实践小组派代表在课堂上依次授课，由教师点评。

(5) 教师与学生共同参与现场评选最佳授课作品。最佳作品经再度修改完善后，推荐参加校内外"学生讲思想政治理论课展示活动"。

(五) 实践项目五："我的青春该如何闪光"征文、演讲、摄影等比赛。

1. 实践时间：根据具体教学计划安排
2. 实践地点：课外
3. 实践流程

(1) 教师发布实践任务，公布参赛主题、形式及要求。

(2) 学生组织团队、积极准备参赛作品。

(3) 学生在规定的时间、地点进行展示或提交实践作品。

(4) 教师与学生共同参与评选最佳作品，对最佳作品给予表彰并在课程平台及校园网思政专栏展示，同时推荐其

参加校内外学生思想政治理论课实践活动会演。

（六）实践项目六：社会调研"大学生参与疫情防控战调查"

1. 实践时间：根据具体教学计划安排
2. 实践地点：课外
3. 实践流程

（1）教师发布实践任务，提出实践要求。

（2）学生组织团队、进行社会调研、收集资料、合作完成调研报告。

（3）学生按时提交调研报告。

（4）教师点评。具有良好参考价值的调研报告提交校团委、学生会等相关部门，具有较高学术水平的调研报告建议向校内外刊物投稿。

四、实践教学实施效果

实践教学的实施贯穿于课前、课中和课后三个环节。课前，教师利用教学平台上传教学资源，推荐书籍、影音资源，确立学习小组，发布实践任务；课中，充分利用现代教育技术，在教学内容情境导入、学生合作探究、课堂延伸等教学环节充分发挥实践教学的作用；课后，按期检验实践教学成果，强化学生学习效果。

在以上主题的实践教学中，取得了以下成效：

第一，提升了理论教学的实效性。通过有效的实践教学设计，引导学生通过课外阅读文献资料、观看视频资料、收集整理实践材料、遴选优秀案例等自主学习过程，巩固和深化了理论学习成果，特别是实践教学通过与不同专业学生的学习诉求相结合以及与校园文化活动相结合，使得思想政治理论课教学不仅有深度，也有温度、有准度。

第二，激发了学生对思想政治理论课的学习兴趣和主体性意识。实践教学项目紧扣自媒体时代特色，引导学生通过自己熟悉和喜爱的方式（如制作音频、视频作品）参与思想政治理论课学习，大大激发了学生学习思想政治理论课的兴趣和主体性意识。

第三，锻炼与提升了学生的综合素质与能力。实践教学过程一般要求学生以小组为单位参与完成，从选择主题、确定形式、合作完成作品到公开分享展示，学生在参与过程中，团队合作意识、组织协调能力、创新思维能力等均得到了良好的锻炼。

第六章 职业院校思想政治理论课实践教学环境

思想政治理论课实践教学环境是影响思想政治理论课实践教学效果的重要物质因素。实践教学环境为实践教学提供空间、场所以及教学所需要的条件，良好的实践教学环境对于保证实践教学的顺利开展，以及提升实践教学的效率和效果具有重要的意义。加强思想政治理论课实践教学环境建设是加强和改进思想政治理论课实践教学质量的必然要求和重要环节。

一、大力加强校内思想政治理论课实践教学基地建设

校内思想政治理论课实践教学基地建设是近几年职业院校思想政治理论课实践教学环境建设的重要领域，是实践教学环境建设的一个新方向。我国职业院校利用校内实践教学基地开展思想政治理论课实践教学取得了显著的效果，校内实践教学基地建设也取得了很大的成就，形成了很多品牌。

（一）校内实践教学环境是思想政治理论课实践教学的主战场和主阵地

利用校内环境开展实践教学是我国职业院校思想政治理

论课开展实践教学的基础方式和主要方式。校内开展思想政治理论课实践教学主要有四种途径：第一种是课堂。课堂实践教学是当前职业院校应用最广的思想政治理论课实践教学方式。在课堂上，教师通过课堂讨论、课堂辩论、案例分析等方式开展实践教学，很好地体现了思想政治理论课理实一体的课程特点。第二种是课下第二课堂。第二课堂是思想政治理论课实践教学的重要方式，通过第二课堂活动，可以有效突破思想政治理论课课堂实践教学在时间、形式、内容、人员等方面的限制，丰富、延伸和拓展思想政治理论课实践教学的内涵和形式。第三种是校园环境。利用校园环境开展实践教学也是思想政治理论课实践教学的常见方式。利用校园环境开展实践教学的途径可以是以校园文化活动为载体开展的诗歌朗诵比赛、红歌合唱比赛、大学生讲思想政治理论课比赛等实践教学活动，也可以是以专业实训基地为依托开展的爱国主义教育、行业精神教育等实践教学活动，还可以是以校园文化资源如校史馆、名人档案馆等开展的实践教学活动。第四种是校内思想政治理论课实践教学基地。校内思想政治理论课实践教学基地是思想政治理论课实践教学的重要场所，也是实践教学的主战场和主阵地。校内实践教学基地因其多功能、综合性的特征，使其能够满足思想政治理论课实践教学的教育、学习、实践、锻炼等多重需求，其突出的教育教学效果、生动有效的教育教学方式、先进的教育技术手段、优越的环境设置，更是校外思想政治理论课实践教学环境所不可比拟和替代的，因而受到了我国职业院校广大师生的普遍好评，利用校内实践教学基地开展实践教学，也逐渐成为我国职业院校思想政治理论课实践教学的主要方式。

（二）校内多功能思想政治理论课实践教学基地的建设前景和优势

大力加强和推进实践教学基地的建设和利用，是我国高校思想政治理论课建设的基本指导思想，也是未来思想政治理论课实践教学建设的重点内容和方向。校内多功能实践教学基地因其优越的资源环境特点，更需要学校给予高度的重视，加大建设力度。

1. 校内多功能思想政治理论课实践教学基地的建设前景

自 2016 年高校思想政治工作会议召开以来，思想政治理论课实践教学和实践教学基地建设的重要性进一步得到了强化。习近平总书记在多次讲话中强调指出，要广泛开展各类社会实践，重视思想政治理论课的实践性，要把思政小课堂与社会大课堂结合起来，要在全社会推动形成全党全社会努力办好思想政治理论课的良好局面。中共中央、国务院和教育部也分别在《关于加强和改进新形势下高校思想政治工作的意见》（中发〔2016〕31 号）和《新时代高校思想政治理论课教学工作基本要求》（教社科〔2018〕2 号）等文件中明确规定，要强化社会实践育人、提高实践教学比重、加强实践教学基地建设，要组织师生参加社会实践活动，完善科教融合、校企联合等协同育人模式，要制定实践教学大纲、整合实践教学资源、拓展实践教学形式、注重实践教学效果等。这些讲话和文件精神，都对加强思想政治理论课实践教学和加快校内多功能思想政治理论课实践教学基地建设提出了工作要求，也为校内多功能思想政治理论课实践教学基地建设提供了强有力的政策支持。

2. 校内多功能思想政治理论课实践教学基地的优势

从当前我国职业院校思想政治理论课校内实践教学基地建设和应用的情况来看，校内多功能思想政治理论课实践教学基地在思想政治理论课教学中发挥的作用日益突出，不仅弥补了校外开展实践教学的各种弊端，而且深化和拓展了实践教学的内涵，越来越先进的教学设施设备的应用，更是促进了实践教学效果的显著提升，受到教师和学生的普遍好评。广东轻工职业技术学院广州校区的思想政治理论课教学研练中心，建筑面积为1400平方米，里面包含了理论研习课堂、法律课堂、国学课堂、视听交互课堂、素质拓展课堂、VR课堂、智慧课堂等八个不同主题的课堂以及思政书屋、展示中心等功能室，是一个现代化的多功能思想政治理论课实践教学场所，能够满足多种实践教学形式的教学要求。山西大同大学建设了包含"理论素质提升馆""党史党情体验馆""思想政治理论课自主学习馆""兴趣爱好互动馆"等多个功能区的综合性思想政治理论课实践教学基地，采用了先进的虚拟现实技术，能够通过云端开展实践教学。安徽财经大学、北京理工大学、桂林电子科技大学、吉林艺术学院等学校也都建立了符合学校自身特点且能够满足思想政治理论课实践教学需要的校内实践教学中心。这些实践教学中心功能规划科学，设施设备先进，建设水平高，运用了当前使用广泛的虚拟现实技术、多媒体视听技术和信息化网络技术，能够通过影、视、听、触等多种手段实现教和学的过程，极大地拓展了思想政治理论课实践教学的方式方法和手段，较好地满足了思想政治理论课实践教学的需求，激发了学生学习思想政治理论课的积极性和主动性。

与依托校外实践教学基地开展实践教学相比，依托校内思想政治理论课实践教学基地开展实践教学具备五个比较明显的优势：第一，由于校内多功能思想政治理论课实践教学基地地处校园内部，开展实践教学无须解决交通、出行等问题，可以有效降低教学活动成本。第二，利用校内思想政治理论课实践教学基地开展实践教学，因其无须考虑校外实践教学所需要的环境、场地、条件等要素，组织难度大大降低，不仅可以大幅度地增加参加实践教学的学生人数，提高实践教学的覆盖率，满足全体师生参与实践活动的需求，而且还可以有效规避校外实践教学潜在的因交通、天气、户外活动等因素带来的安全隐患。第三，由于校内思想政治理论课实践教学基地是根据思想政治理论课实践教学需求建设的专门用于开展实践教学的活动场所，其教学功能区块的设计、空间环境以及教学资源和条件，能够更好地满足思想政治理论课实践教学不同内容、不同主题、不同形式的教学要求。第四，校内多功能实践教学基地基于理实一体的建设思路，可以更好地促进理论教学与实践教学的有机衔接。运用校内多功能实践教学基地开展教学，对于有效解决实践活动内容与思想政治理论课课程内容脱节的问题，促进学生的学做结合、知行合一具有重要意义。第五，由于校内思想政治理论课实践教学基地按照先进的教学环境设计理念进行设计，采用了先进的互联网技术、多媒体技术、虚拟现实技术、人工智能技术作为教学的技术辅助手段，优越的教学环境和先进的教育技术能够帮助教师全方位、立体式、跨时空、生动逼真地呈现教学内容和展现教学效果，新技术、新手段和新方法的先进性、新颖性、互动性也能够有效激发学生的学习热情，调动学生学习的积极性和主动性，增进学生与教师之间的互动，全面提升思想政治理论课教育教学的效果。

（三）思想政治理论课校内多功能实践教学基地建设的基本思路

思想政治理论课校内多功能实践教学基地是根据思想政治理论课教学需要而建设的，与思想政治理论课理论教育内容相匹配的，经过功能化模块设计的，能够满足思想政治理论课实践教学、大学生思想政治教育以及学生第二课堂活动等多种思想政治理论课教育教学活动需要的，具备教学、研究、学习、体验、实践等多种功能的教育教学环境场所。因此，在规划建设中要遵循一定的原则和要求。

1. 校内多功能实践教学基地建设的基本原则

校内多功能实践教学基地建设要遵循四个基本原则：第一，科学性原则。科学性原则是实验室建设的基本原则。这里的科学性一方面是指实践教学基地各功能区的规划设计要符合教学规律，满足教学需求，功能明晰；另一方面是指空间布局要合理，环境利用要充分、高效。第二，实用性原则。思想政治理论课校内实践教学基地的主要用途是实践教学，因此，其软硬件建设必须以符合思想政治理论课教学规律、满足教学需要为基本原则，保证教师无论采用何种教学方法，均能通过实践教学基地达到理想的教学效果。第三，先进性原则。思想政治理论课校内实践教学基地是以现代信息技术为主要依托的教育教学实体环境，其内部设施设备科技含量高，技术手段先进，教育教学过程包含了微电子技术、多媒体技术、计算机技术、计算机网络技术和远距离通信技术等多种先进技术的应用，经费投入规模也相对较大。但是，现代科学技术发展迅猛，设备、技术更新升级速度快。因此，思想政治理论课校内实践教学基地在建设时必须尽可能采用较为先进的技术，做适当超前的规划，以避免短时间内技术淘汰造成的浪费。第四，集成性原则。校内实践教学基地建设可以根据教育教学需要，集思想政治理论课实践教学、形势与政策教育、大学生思想政治教育、学生第二课堂实践活动等多方面需求为一体，全面满足教学、研究、学习、体验、实践等教育教学的多种功能。

2. 校内多功能实践教学基地的基本结构和主要功能模块

思想政治理论课校内多功能实践教学基地的基本结构和主要功能模块包括：①智慧录播室。智慧录播室是马克思主义理论学科全面贯彻人工智能与教学评价完整结合的具体应用。智慧录播室基于知识图谱的技术搭建思想政治理论学科AI知识架构，基于Windows平板云终端的数字马院智慧课堂，有效实现了课前多媒体微课预习、课中互动教学、课后微课程作业辅导三大功能，为教师和学生提供了一种高效的"教"与"学"的技术模式，能够满足线上线下一体化混合式教学模式改革的需求。智慧录播室的平台还提供各种类别和形式的理论学习资料、视听资料、教学案例、教学幻灯片等思想政治理论课教学资源，能够满足高质量实践教学的需求。②VR实践课堂（微视酷体验教室）。VR实践课堂是以虚拟情景实践与 VR 体验为核心功能的课堂。该课堂配置摄像机、调音台、拾音器、3D 情景实践系统和 PICO 虚拟现实眼镜等设备和技术，采用学生情景实训 + VR 体验的教学模式，为思想政治理论课实践教学提供了先进的环境和平台。虚拟现实技术可以真实地实现历史事件的还原和教学情境的模拟，增进学生的代入感和体验感，强化实践教学的效果。③红色试听教室。红色试听教室是集教学、学术报告、远程协作为一体的多功能教学场地，具有影院级视听效果，支持高清视频、3D 电影播放；同时具备互联网远程会议互动教学功能，兼容包括 PC 端、平板电脑、手机端等多种设备，能够实现多校区协同、家校协同、校企协同等多种教学需要。④展览展示区（也称为红色长廊）。展览展示区主要依赖环境资源条件进行设计，既可以利用完整的室内空间，也可利用室内外走廊进行设计和规划。展览展示的内容可以结合学校的教学特色和思想政治理论课的教学需要进行选择和安排，展品的陈列可以按照一定的时间顺序或逻辑关系进行排列，如旧民主主义革命展区、新民主主义革命展区、社会主义建设史展区、改革开放史展区等。展品的形式可以是图片、视听资料、美术作品或实物等。⑤多媒体资源室。多媒体资源室也称视听阅览室，是一个以电脑和网络为资源载体和学习工具的功能区，其主要硬件设施为电脑，软件设施为多媒体教学资源库。多媒体教学资源库根据思想政治理论课的教学需求进行搜集和整理，内容涵盖哲学、政治学、经济学、法学、教育学、文学、历史学等与思想政治理论课教学相关的学科的资源，教学资源的类型包括各种图片、电子书籍、视频资料、音频资料等电子资源，能够满足学生自主学习的需求。

二、有效提升职业院校校外实践教学环境利用

校外实践教学环境对思想政治理论课实践教学的成效有重要的影响。思想政治理论课实践教学的目标、要求，以及学校自身在空间、职能等方面的局限性，决定了职业院校要面向社会，充分利用丰富的思想政治教育资源，开辟广阔的校外实践基地。然而，由于各职业院校人力、财力、物力投入不足，建成的校外实践教学基地数量远远未能满足学生的实践需求。已经建成的校外实践教学基地，由于受各职业院校组织管理能力、安全顾虑、教师积极性以及合作单位积极性等多方面因素的制约，使用情况也不理想，利用效能较为低下。如何采取切实有效的措施，提高职业院校校外实践基地的利用效能，就成为一个亟须解决的问题。

（一）加大政策支持力度，促进校外实践基地建设可持续发展

当前，职业院校和校外单位合作建设思想政治理论课实践教学基地受到多种不利因素的制约。而现有政策对职业院校与校外单位合作建设思想政治理论课实践教学基地的支持不足，所以双方的积极性都不高。

从学校层面来看，由于建立校外实践基地需要学校投入相应的人力、物力、财力，而这种投入并未能给职业院校带来明显的效益。所以，各职业院校建设校外实践基地的积极性并不高。而教育管理部门也未建立完善的考核机制，对职

业院校建设校外实践基地进行强有力的监管。思想政治理论课校外实践教学基地建设和使用情况并不会对职业院校产生实质性的影响。在这种情况下，不少职业院校也未建立相关机制，对参与校外实践基地建设和管理的教师进行补偿和奖励，因而职业院校教师参与校外实践基地建设和管理的积极性也不高。

从合作单位方面看，校外实践基地的合作单位包括企事业单位、政府职能部门等。根据管理学中的利益相关原则，合作双方只有互利共赢，才能维持稳定持久的合作关系。如果合作一方的付出和收益失衡，合作积极性必然会受影响，合作必定无法长久。当前，由于各职业院校可以用于交换的资源相对较少，能给合作单位带来的益处不多，多数合作单位的付出和收益并不太平衡。通常企业在投入人力、物力之后，并未得到相应的经济利益或预期的广告推广效果；而事业单位或政府职能部门，往往并不太关注社会效益。大批量师生的到访，还容易给单位造成管理压力，带来管理风险。所以，目前的实际情况就是多数单位，特别是企业，与职业院校建立合作关系的积极性并不高。职业院校在联系合作单位共建思想政治理论课实践教学基地时，往往都需要动用私人关系。一些综合性职业院校，特别是一些名牌职业院校，由于拥有较广泛的人脉资源和可交换资源，建设校外实践基地的困难就相对而言小一些。而一些不知名的职业院校的人脉资源、可交换资源都远远不如名牌职业院校多，其建设校外实践基地的困难就要大很多。

当前，我国尚未出台鼓励社会各界参与和支持职业院校实践育人的法律法规，现有的相关政策均出自教育部的文件，对教育部门之外的社会组织没有约束力。为促进校外实践基地健康可持续发展，中央和地方政府应进一步出台相关政策，对思想政治理论课实践教学基地建设给予更多的引导和支持。出台相关政策时，应结合实际情况，对职业院校给予适当的倾斜照顾。

政府的政策支持，可以从职业院校和合作单位两方面入手，建立相应的机制。

首先，对于职业院校，可从三个方面探讨，建立相应的机制。

第一，资金支持机制。思想政治理论课实践教学实际上是一种实践育人活动。对于实践育人活动，西方国家早已有一套较为成熟的方法，我们可以从西方国家借鉴一些成功的经验。西方国家实践育人活动的有效开展，非常重要的一点就是政府资金的强有力支持。20世纪90年代，美国总统乔治·布什和克林顿先后签署有关社会服务的法案，为学生进行社会服务提供资金和法律支持。美国某些州还制定了法案强行规定学生参与社会实践活动，并拨出专款、成立专门指导办公室来协调各职业院校的行动，如旧金山的加利福尼亚校园管理委员会、由75所职业院校校长建立的公共和社会服务计划，等等。当前，我国职业院校思想政治理论课实践教学的资金，基本上都是由职业院校自筹。虽然《新时代职业院校思想政治理论课教学工作基本要求》（教社科〔2018〕2号）规定，本科院校应按本硕博全部在校生总数每生每年不低于20元、专科院校按每生每年不低于15元的标准提取思想政治理论课专项经费。但这笔专项经费的用途包括学术交流费用、教师培训费用、师生社会实践费用等，各职业院校即使严格按照要求落实专项经费，该项经费也是杯水车薪。一个学生外出实践，仅往返交通费用一般都要15元，如果要让校外实践能覆盖到多数学生，15～20元的专项经费显然是不够用的。资金问题如果没有得到解决，校外实践基地的建设和使用就难以取得令人满意的成效。为促进思想政治理论课实践教学的有效开展，政府应增加对职业院校思想政治理论课实践教学的资金投入，将实践教学列入公共财政专项支出，明确列支目录和支持额度，并要求各职业院校根据政府的资金投入情况，按一定的比例拨付自有资金以支持思想政治理论课实践教学基地的建设和管理。

第二，政策引导机制。职业院校教师的授课量，关系到教师的薪酬待遇和职称申报，教师对授课量的计算比较敏感。但当前多数职业院校的授课量计算仅局限于课堂授课量的计算，相关教师花了大量的时间、精力参与实践教学基地的建设和管理，往往都变成了义务劳动。这无疑严重挫伤了教师的积极性。教育主管部门应制定政策，引导各职业院校制订规章制度，将教师参与实践基地建设和管理的工作量折算成课时量，保障相关教师的权益，提高教师参与实践基地建设和管理的积极性。

第三，工作考核机制。各职业院校主管部门可将校外实践基地建设和管理情况纳入职业院校年度考核体系中，并切实加强对各职业院校校外实践基地建设的考核，对校外实践基地建设和管理工作比较突出的职业院校给予表彰，对建设和管理未达标的职业院校进行通报批评。同时，引导各职业院校建立相应的校内考核机制，对参与校外实践教学基地建设和管理的教师进行考核，并将考核结果与教师的待遇、职称申报、职务晋升、评优评先等挂钩。

其次，对于合作单位，可从四个方面探讨，建立相应的机制。

第一，税收激励机制。企业对经济利益非常敏感，利润是企业发展的直接动力。为调动企业积极性，对于参与实践基地建设的企业，可按照每年接待师生的次数和数量给予一定的税收优惠。各企业凭借与职业院校签订的合作协议，以及经职业院校盖章确认的接待数量向税务机关申请税收减免。

第二，资金支持机制。对于参与实践基地建设的事业单位和政府机关单位，可以按项目管理的方式向上级管理部门申请专项建设资金。实践基地建成后，可按每年接待师生的次数和数量拨付一定的补贴资金。

第三，政策引导机制。可引导各省教育厅、地市教育局成立专门机构，管理实践教学基地，指导本省、本市职业院校开展实践教学基地建设工作，统筹协调基地共建共享。"思想政治教育"在国外一般被称为公民教育。不少国家通过组建公民教育负责机构，保障各类公民实践教育活动的开展。如俄罗斯建立了三级公民教育监管机制来保障俄罗斯公民爱国主义教育的有效开展；英国设立了学校公民教育与民主教学咨询与评估机构，对公民教育开展情况进行调查并提出相应建议；美国通过设立美国公民教育中心与美国社会科学全国理事会等公民教育指导机构帮助制定美国公民教育目标、课程标准等政策文件，负责设置社会实践课程的总体目标与明确发展方向。我们也可以借鉴国外经验，设立专门的管理机构，推动思想政治理论课校外实践教育的发展。

第四，工作考核机制。可把爱国主义教育基地、纪念馆、新农村建设示范基地等单位与职业院校合作建立基地的情况纳入考核体系，并按接待师生的次数和数量进行量化考核。

（二）加强多样化校外实践教学基地建设

职业院校学生群体的数量，学生的兴趣爱好、能力差异，思想政治理论课内容的多样性都决定了职业院校校外实践教学基地也必须多样化。首先，职业院校学生群体数量庞大，对实践教学基地数量的需求也非常大。如果教学基地数量太少，就可能导致一些基地参与实践的师生数量过多，超出基地的接待能力，不利于双方的深入合作，容易导致双方的合作流于形式。像广州这样的城市，有80多所职业院校，100多万名大学生，另外还有1500多所中小学，160多万名中小学生。如果各学校的实践基地都比较单一，都以爱国主义教育基地为主，各爱国主义教育基地和职业院校的合作就只能流于表面，学生的参观访问就只能是走马观花，双方无法开展深入合作。其次，从大学生的生理、心理发展规律和兴趣爱好差异来看，也应建立不同层次、不同类型的实践基地，以便根据学生特点安排实践活动。如大一学生的知识储备、实践能力相对薄弱，可以组织一些简单易操作的实践活动，比如参观考察爱国主义教育基地、社会主义新农村建设基地、法制教育基地等；对大二、大三学生可组织开展社区服务、课题调研等难度较高的实践活动。最后，思想政治理论课的教学内容涉及政治、经济、历史、文化、法律、道德和军事等方面，实践教学基地也应满足各门理论课程的实践需要，也需要多样化。从职业院校现行课程体系看，实践教学基地应包括五种主要类型。

1. **爱国主义教育实践教学基地**

职业院校可与革命纪念馆、烈士陵园、革命旧址、历史遗址、革命领袖故居、爱国人士故居以及反映新中国成立以来特别是改革开放以来建设成就的展览馆等单位合作，建立爱国主义教育基地。但在合作方法上应有所创新，不能又停留在中小学阶段简单的参观访问模式上。各职业院校可选择与离校园比较近的爱国主义教育基地合作，成立专门针对该基地的志愿讲解社团，聘请基地专业人员对社团成员进行培训，经考核合格后颁发志愿讲解员证书。志愿讲解员既可在本校学生参观考察时提供讲解服务，也可根据基地需要，配合基地提供讲解服务。另外，也可采用任务驱动法对学生进行实践教学。具体方法是由教师确定参观访问的考察主题或者调研主题，学生主要围绕考察主题或者调研主题进行参观，回校后根据教师确定的主题完成考察报告或调研报告。学生也可根据自己的专业和兴趣爱好，选择自己感兴趣的考察主题或者调研主题，经指导教师批准后开展参观活动。

2. **法制教育实践教学基地**

职业院校可与监狱、戒毒所、劳教所、法院、检察院、派出所、律师事务所等单位合作，建立法制教育实践教学基地，开展形式多样的法制教育活动。活动形式包括：①参观法制教育、廉政教育、毒品危害教育图片展；②参观罪犯、戒毒者学习生活场所，听取犯罪人员和戒毒人员"现身说法"；③到法院旁听审判过程，现场接受法制教育；④请合作单位专业人员开展法制专题讲座；⑤合作开展法制宣传教育活动。如江苏农牧科技职业学院与泰州市海陵区人民检察院合作，共同编写遵纪守法、道德风尚主题的系列小故事，以小品、演讲等形式，由学生志愿队到主城区的各学校、社区、公共场所进行表演。职业院校与上述单位开展合作时，应结合合作单位的需求，找到双方合作的契合点。比如派出所有防诈骗的宣传教育任务，并有一定的人数和教育场次要求，而职业院校学生由于缺乏社会经验，容易成为犯罪分子的诈骗目标，因而职业院校有预防诈骗的宣传教育需求。职业院校人数多、人员集中，可以帮助派出所完成宣传教育普及；派出所人员掌握第一手资料，用鲜活的案例进行宣传，教育效果更加明显。像这种可以相互帮助对方解决实际问题的合作，也会比较稳定长久。

3. 社会主义经济建设实践教学基地

在经济发达地区，职业院校可以与高新技术开发区共建实践教学基地，组织学生到相关单位参观调研，让学生感受改革开放之后我国经济发展的新变化，了解中国特色社会主义建设事业所取得的伟大成就，增强学生贯彻落实科学发展观的自觉性，引导他们刻苦学习、努力成才、服务社会、服务基层。近年来，在经济相对落后地区社会主义新农村建设取得了不错的成就，建设了一批社会主义新农村示范村。职业院校可以与社会主义新农村示范村合作共建实践基地，组织学生到村里参观调研，让学生切身感受中国扶贫的巨大成就和社会主义新农村的变化。

4. 志愿服务实践教学基地

志愿服务是教育、培养学生的重要方式。国外不少职业院校都非常重视社会服务活动。美国很多职业院校把社会服务作为学生学习的科目，赋予相应的学分；在日本，很多职业院校都把志愿活动作为学校的授课内容；在墨西哥，职业院校设立了社会服务必修课，要求学生到工厂、农村以及落后山区的印第安人聚居区，通过扶助民众来树立正确的价值观。相较于国外职业院校社会服务参与性广、内容丰富多样等特点，我国社会服务的实践活动还有待进一步发展。职业院校可与地方民政局、市区团委、市红十字会、福利院、敬老院、医院等单位合作，组织学生到相关单位开展志愿服务。志愿服务实践基地是大学生走向社会、了解社会的桥梁，学生通过志愿活动来服务社会、回报社会，将课程中的爱国主义、社会主义、集体主义，科学的世界观、人生观、价值观教育转换为行动，达到知行统一。由于志愿服务种类比较多，志愿者需求数量较大，学生参与的机会比较多，可以有效地提高思想政治理论课实践教学的覆盖面。

开展志愿活动时，有专业特长的学生，可以开展一些需要具备特定专业技能的志愿活动。如上海交通职业技术学院、宁波卫生职业技术学院、佛山科学技术学院、丽水学院等多所职业院校都组织了一些有心理学或医护专业背景的学生，开展临终关怀志愿活动。志愿者到医院病房、社区的居民家中以及贫困乡镇中去，为临终患者和他们的家人进行心理疏导和生理帮扶。云南司法警官职业学院、广东科学技术职业学院、山东司法警官职业学院、江西司法警官职业学院、聊城职业技术学院等多所职业院校都组织了法律专业学生开展法律法规宣传、法律普及教育、法律咨询、代拟法律文书等志愿服务活动。

未开设医学、法律等专业的学校，可以组织学生开展一些不需要特定专业知识背景的志愿活动。例如，广州民航职业技术学院与白云区爱衣社合作，定期为贫困地区募捐衣物。学校志愿者在学校和社区进行募捐，发动师生和社区居民捐赠八成新以上的闲置衣物，然后由白云区爱衣社到学校收取衣物，志愿者再到白云区爱衣社协助其将衣服消毒、打包发送到贫困地区。这十年来，广州民航职业技术学院志愿者已经为贫困地区募集衣物3万多件，参与志愿活动的师生达2000多人次。

5. 成立思想政治理论课实践教学社团组织，为校外实践储备人才

为提升职业院校校外实践教学的组织效率和教学效果，各职业院校可成立学生实践工作委员会、调研实践中心等与思想政治理论课实践教学相关的学生社团组织。这类社团组织既可以协助教师开展思想政治理论课实践教学组织活动，也可以开展与思想政治理论课实践教学相关的技能培训，为学生外出调研做好技能储备。例如，广东食品药品职业技术学院在2005年就成立了思想政治教育调查研究中心（简称调研中心），由两位思想政治理论课教师专门负责日常管理，其他几位思想政治理论课教师配合开展工作。调研中心成立后，聘请调研方面的专家对学生进行技能培训。学生掌握了必要的调研技能之后，当校内外有调研活动时，便可作为学生骨干参与调研工作。另外，调研中心也可以为学生外出调研的主题提供建议，或者审批学生提出的调研主题，从而减少思想政治理论课教师的工作量。

（三）共建共享，提升职业院校校外实践基地利用效能

当前各职业院校投入思想政治理论课实践教学基地的人力、物力、财力都非常有限，所以各职业院校创建实践基地的渠道比较狭窄，建成的实践基地也存在利用率低、资源浪费的情况。这就有必要加强各职业院校之间的沟通协作，探讨同城职业院校共建共享实践基地的机制。

为更有效地整合资源，可由省级或市级主管部门统筹规划思想政治理论课实践教学基地建设。省主管部门和市主管部门可以牵头与合作单位联系，确定合作框架、合作内容、运作方式、考核评优等具体事宜，可交由具体职业院校负责，基地建成后作为省级或市级思想政治理论课实践基地，由全省或全市职业院校共享。

除了省级、市级共享实践基地，各职业院校特别是相邻职业院校也可合作共建实践教学基地，以便共享资源。有的职业院校利用独特的校内德育资源，建设了校内实践基地，但由于未开展校际合作，只有本校学生前往参观、实践，基地利用率较低，造成了资源浪费。例如，成都电子机械高等专科学校作为陈毅元帅的母校，充分利用校内德育资源，修建了"陈毅纪念园"作为学生思想政治理论课实践教学基地，但除本校学生参观外，很少有其他职业院校组织学生前去参观。各职业院校有必要加强校际合作，发挥各自的资源优势，共建共享实践基地，降低基地使用成本，提高基地利用效能。

网络是现代教育的重要平台。学生是使用网络范围最

广、程度最深的群体。利用网络拓展思想政治理论课实践教学，不但能够吸引学生的注意力与学习兴趣，同时由于网络实践教学的便利性和低成本优势，可以有效扩大思想政治理论课实践教学的覆盖面。各职业院校除了可以共建实物实践基地外，也可以探讨共建共享网络实践教学基地。各职业院校可以整合思想政治教育、计算机网络、动漫制作等方面的专家、技术人员，互通有无，分工合作，共同构建图文并茂、有声有色的网络实践教学基地。利用鲜活的图像、精彩的动漫短剧、自导自演的微电影吸引学生注意力与学习兴趣，提高思想政治理论课实践教学效果。像爱国主义和红色革命传统教育、中华优秀传统文化教育、法制教育等都有非常丰富的素材，只要精心挑选、用心制作，就有可能构建一个深受学生欢迎的网络实践教学基地。

（四）完善实践教学运行机制，提升职业院校校外实践基地利用效能

校外实践教学基地建立之后，必须统筹安排，实行规范化、科学化和制度化管理，才能确保基地持续、安全、高效地运行。校外思想政治理论课实践教学的管理是一项繁杂、困难的工作。职业院校学生人数多、专业多，不同年级学生实践能力不同，不同专业实践侧重点不同，不同学生兴趣爱好不同。学生走出校园，接触到的人和事更多、更杂，不可控的因素也更多，安全隐患也更多。组织学生安全、有序地外出实践，需要科学合理地安排指导教师，发挥学生骨干的作用。出发前要做好交通车辆安排、师生饮水用餐等后勤保障工作，做好与实践基地的联系沟通工作。实践过程中，要

做好组织管理，确保实践安全、有序开展。实践结束后，要及时检验实践成果，评估实践效果，总结经验教训。面对这样庞杂、烦琐的工作，只有完善实践教学运行机制，才能确保校外实践持续、安全、高效地开展。

1. **整合优化实践教学资源**

思想政治理论课实践教学资源，是指在思想政治理论课实践教学组织实施过程中可以利用的、有利于实现实践教学目标的因素，包括人力、物力、财力、信息、制度等。资源使用效率，会对实践教学目标的实现范围和实现水平产生重要的影响。各职业院校应认真收集、筛选可用的实践教学资源，建立教学资源信息库，研究资源使用方案，加强对实践教学资源使用效果的评估，不断优化使用方案。

2. **完善实践教学的组织管理机制**

各职业院校应成立专门的机构，负责实践教学的指导和管理。实践教学的组织开展任务繁重，单靠思想政治理论课教师兼职管理难度很大，也难以达到预期效果。所以，各职业院校应成立思想政治理论课建设领导小组、思想政治理论课实践教学管理办公室等机构，加强对思想政治理论课实践教学的指导与支持，并落实管理人员。

3. **完善实践教学管理规章制度**

完善的规章制度是规范管理、科学管理的必要条件。各职业院校应制订思想政治理论课实践教学管理规章制度，明确指导教师工作职责、学生行为守则、实践教学学分学时、考核考评方法等。

4. **加强对实践教学的激励**

行为主义科学家的实验表明，得不到激励的人在实践中只能发挥自己能力的20%～30%，如果得到了充分的激励，其能力可以发挥到80%～90%。人的行为和积极性是否得到激励，其产生的效果是完全不一样的。各职业院校可制订相应的规章制度，加强对教师和学生参与思想政治理论课实践教学的激励。如将实践教学管理计入教师工作量；制订评优制度，对表现优秀的师生进行物质和精神奖励；将学生实践教学的参与情况与学生综合素质评定、评先评优、奖学金评定等挂钩，充分调动学生参与的积极性。

三、与行业企业协同创新开展实践教学

与行业企业协同开展实践教学，对行业企业、学校、学生都有益处。通过与行业企业的合作，拓展了思想政治理论课教学资源，有助于学校及时掌握市场需求，及时调整人才培养方案。行业企业通过校企合作，可以提前招揽一些优秀学生，可以提前对准员工开展职业技能培训，有助于行业企业的发展。学生通过校企合作协同育人的实践教学方式，可以提高职业技能和职业素养，拓宽自己的就业渠道。

（一）与行业协同开展实践教学的基本路径

每个行业都有自己独特的行业文化和价值追求。一些行业特色鲜明的职业院校，应认真探讨行业文化、行业价值追求与思想政治理论课教学目标的契合之处，将思想政治理论课实践教学与行业文化和行业价值追求相结合。

1. 邀请行业专家领导上讲台或兼任思想政治理论课实践教学指导教师，开展思想政治教育

2015年7月初，中组部、中宣部、教育部三部门联合下发《关于领导干部上讲台开展思想政治教育的意见》，要求每个地市级以上领导干部每学期至少上一次讲台，保证每所职业院校的学生每学期至少听一次地市级以上领导干部的报告或形势与政策课。2019年4月2日，教育部、国务院国有资产监督管理委员会联合举办了"国企领导上讲台、国企骨干担任校外辅导员"启动仪式。各职业院校应用足、用好国家政策，主动联系行业内专家领导，邀请他们参与思想政治理论课实践教学活动。例如，民航院校可以聘请民航局或者民航各地区管理局、空管局、机场、航空公司等单位的专家领导为思想政治理论课实践教学兼职教师。一方面可以邀请他们定期到校开展思想政治教育讲座；另一方面可以借助领导、专家的资源到行业内单位开展实地考察活动。

2. 依托行业，建设行业特色实践教学基地

职业院校的职业特色比较鲜明，其中还有不少面向行业、为行业服务的行业院校，如民航类、石油类、农业类、纺织类，等等。每个行业都有自己特有的行业文化。职业院校，特别是行业院校，在建设实践教学基地时要注意与行业特色相结合，依托行业建设一些特色鲜明的实践教学基地。例如，广州铁路职业技术学院，依托行业背景优势，与广铁集团、广州车站、广州地铁等企业开展合作，20年来共组织了6.3万名师生志愿者到客服咨询、票务、乘务、站务等岗位参与专业化春运服务。志愿者用所学回馈社会，在为政府分忧、为企业解难、为人民奉献的同时，也强化了行业认

知和专业认同。志愿者的付出也赢得了政府和社会的广泛赞誉,《人民日报》《中国青年报》《南方日报》等数十家权威媒体对志愿者的服务深入报道了100余次。春运服务团队获得"广州十大杰出志愿服务集团""中国青年志愿服务春运暖冬行动优秀志愿团队"等市级以上荣誉称号50余项。再如,温州科技职业技术学院是一所农科教一体的职业院校,农业专业占了不小的比重。温州科技职业技术学院也紧抓办学特色,把加强"爱农、学农、兴农观"教育作为思想政治理论课实践教学活动的核心目标。在实践教学基地的选择和建设上,侧重考虑农业产业发展突出的乡镇,通过组织学生深入农村开展经济、文化、生态等方面的调查研究,加深学生对农民、农村、农业的了解与认识。

3. 将职业道德教育融入专业课教育中,构建大思政育人格局

职业道德在社会道德体系中具有重要地位,也是思政教育的重要内容。每个行业都有自己的道德规范,有自己独特的职业道德要求。专业课教师需要对行业职业道德规范、要求有更深的了解。专业课教师应将职业道德教育融入专业课授课过程中,引导学生树立正确的职业道德观,使专业课与思想政治理论课同向同行,共同实现全员、全方位、全过程的协同效应,构建大思政的育人格局。

(二)与企业协同开展实践教学的基本路径

2017年,中共中央国务院印发思想政治理论课实践教学的专项意见,强调指出"提高实践教学的比重,组织师生共同参与社会实践活动,完善科教融合和校企联合等协同育人模式"。企业是社会组成的重要细胞，职业院校开展思想政治理论课实践教学活动要充分挖掘和利用企业的优势资源，积极寻求与企业合作的契合点，推动校企合作共建实践教学基地，以此来切实地促进思想政治理论课教学效果的提升。

1. 走出去——走进企业，在企业中接受思想政治教育

每个企业都有自己的企业文化和价值追求，职业院校可以挖掘这些企业文化和价值追求与思想政治理论课实践教育目标的契合点，在参观前或者参观过程中，引导学生去感悟这些契合点。学生在参观过程中自然也会受到熏陶，甚至自觉从适应企业需求、适应社会角度出发，自觉调整自身的价值观，使自身价值观与未来的雇主——企业逐渐趋同。思想政治理论课实践教学指导教师也可以要求学生结合所学理论内容，带着问题和调查提纲深入企业，对企业的所有制性质、行业情况、管理模式、经济效益、员工的思想状况、民主状况以及制约企业进一步发展的因素等开展考察。通过对专业活动和职业生活的零距离接触，接受劳动纪律、职业道德、职业操守、企业文化、协作精神等方面的思想政治和道德素质熏陶和养成教育。另外，职业院校还可以组织思想政治理论课教师到校企合作的企业学习锻炼，对企业的生产、经营、管理、运行等进行考察、调研，了解企业文化、创新发展、思想动态等情况，更好地把握企业文化、价值追求与思想政治理论课实践教学的契合点，拓展思想政治理论课实践教学的深度和广度。

2. 请进来——邀请各个企业的领导、优秀员工兼任思想政治理论课的实践教学教师

学生外出涉及人力、财力、安全等诸多方面的问题，外出实践成本较高，组织较为困难。邀请企业领导和优秀员工走进职业院校，开展讲座，兼任思想政治理论课实践教学教师，相对来说成本更低、更容易实施。企业领导、优秀员工可以为思想政治理论课的教学提供鲜活的事例，使思想政治理论课的教学方式更加具体、生动，教学内容更加丰富多样。企业领导、优秀员工进校园也有助于把行业、企业文化带入校园，促进校园文化与行业文化、企业文化的融合。

3. 与学生专业实训企业合作，建立专业实训和思政实践教学双基地

工学结合是职业院校人才培养的特色模式，工学结合的实现要通过和校外企业的合作来完成。职业院校一般会根据学校专业设置与不同的企业签订合作协议。职业院校可以充分利用这种校企合作优势，将专业实践企业作为思想政治理论课的实践教学基地，将思想政治教育融入专业实践活动中。通过对专业活动和职业生活的零距离接触，对学生进行劳动纪律、职业道德、职业操守、企业文化、协作精神等方面的教育，促进学生的思想政治觉悟与专业技能共同提高。例如，开设食品加工技术、食品质量与安全等食品类专业的职业院校，在食品类专业实训基地可引入食品安全教育，包括食品安全的现状、食品安全的典型案例、食品安全的法律法规等，从生活、民生入手引申到道德诚信与法制层面，让学生对本专业有更深层次的感悟与理解，从而进一步提升学生的专业素养与道德素养。职业院校可与专业实训基地沟通，共同制定实践计划和考核方案。将思想政治理论课实践教学考核融入专业实践成绩鉴定中，同时，在思想政治理论课实践教学考核中融入专业素养内容。

四、构建学校、政府、企业、社会组织、家庭一体化的实践教学环境

思想政治理论课实践教学不仅是学校的一种教学方式，而且是国家培养人才的重要途径。从国外的经验看，西方国家实践育人的有效开展离不开社会组织的积极支持，包括社区、企业、第三组织在内的各种社会组织已经形成了一个有机结合的社会力量。例如，欧美等国家兴起的服务学习和"双元式"社会实践模式就离不开社区和企业的大力支持。此外，很多企业还资助学生开展社会服务活动，大学生也可以到第三组织中参加志愿活动，在活动中培养道德价值观念。从我国的实际情况看，职业院校思想政治理论课实践教学的开展，除了有职业院校师生的参与外，一般还有政府、企业、社会组织、家庭等多种力量的参与。职业院校应主动将思想政治理论课实践教学延伸至社会，大力倡导建立政府支持、全社会普遍参与实践教学的环境和氛围，积极探索构建学校、政府、企业、社会组织、家庭一体化的实践教学环境，积极探索构建学校、政府、企业、社会组织、家庭协同的育人机制，用好用足国家政策，借助社会力量，挖掘更多实践教学资源，不断提高学校与社会育人的协同性，不断提升实践教学的效果。

（一）加强政府部门对思想政治理论课实践教学的顶层设计

职业院校的思想政治理论课实践教学时间短、人员流动大，难以为合作单位提供太多的可用资源。学校在与企业、社会组织进行沟通以建立合作关系时，处于弱势地位。这就需要政府部门加强顶层设计，为职业院校与企业、社会组织、家庭良性互动、协作育人建立政策机制保障。通过顶层设计调动合作单位的积极性，破除学校与社会的合作障碍，为学校与社会的良性互动建立一个平等的沟通平台。

（二）拓展企业、社会组织对思想政治理论课实践教学的参与度

思想政治理论课实践教学的高质量开展依赖于优质的实践教学资源，社会资源以其资源的广博性与深厚性，以及与时俱进的特征成为思想政治理论课实践教学的重要依托。提高实践资源利用效能，增强社会参与度，至少应包括三个维度：一是社会参与的"广度"。社会组织除了可以为学生提供参观基地外，还可以为学生提供实习、挂职锻炼、志愿服务基地。同时，还可以将社会资源带入校园，开展"领导干部上讲台""企业家进课堂""学长进课堂"等活动。二是社会参与的"深度"。社会组织除了应提供物理场地外，还应采取措施提升育人效果。如配备专业讲解人员，加强与学生的沟通；设计互动、体验环节，增强学生的参与感。三是社会参与的"温度"。社会组织应为学生的实践提供力所能及的后勤保障，确保活动有序开展，营造良好的实践氛

围,提升学生的实践体验。

(三)发挥家庭隐性教育作用,为思想政治理论课实践教学提供家庭保障与支持

家庭是最基本的社会生活形式,是个人成长的摇篮,是人生的第一所学校。教育部印发的《关于加强家庭教育工作的指导意见》指出,注重家庭、家教、家风,对于国家发展、民族进步、社会和谐具有十分重要的意义。家庭环境对学生思想的影响至关重要,对学校教育的开展起着必要的调整和补充作用。从思想政治理论课实践教学的角度看,家庭是最重要的思想政治理论课隐性实践教学基地。实践证明,健康、和谐、积极、乐观的家庭氛围有利于学生良好思想道德品质的形成,与学校共进共生、同向同行的良好家庭教育对于思想政治理论课实践教学系统具有隐性的促进作用。家庭具有特殊的教育特征,家庭中的成员结构、成员关系、经济状况、社会地位、管理模式、成员受教育情况、成员价值取向等因素对青年学生的道德品质、行为动机、思想观念、心理健康具有最初始、最持久、最全面的影响。因此,要大力加强家校沟通,提升家庭对思想政治理论课实践教学的配合与支持力度。通过搭建学校与家庭的沟通渠道,让家长了解并认同思想政治理论课实践教学在学生成长过程中的重要作用,鼓励家长根据学生自身特点给予建议、提供条件、创造机会,辅助学生完成实践教学活动,为思想政治理论课实践教学提供更多的家庭支持。家长可以通过提升自身素质、塑造德育与智育并重的教育观念来打造良好的家庭内部教育环境,通过自身的思想表达与实际行动以身作则,

引导学生正确认识社会现象。另外，家长应积极开发实践教学资源，为学生提供更多的实践机会。家长可以从自身的职业、社会关系、社区等角度出发，挖掘与思想政治理论课实践教学内容相关的实践资源，这些资源是营造家庭教育氛围的必要补充，也是优化家庭教育环境的重要组成部分。

第七章 职业院校思想政治理论课实践教学效果评价机制

马克思、恩格斯指出:"凡是有某种关系存在的地方,这种关系都是为我而存在的。"① 价值判断与评价在日常生活中随处可见,即使是最不经意的选择和偏好也内含着特定的标准与评价。职业院校思想政治理论课实践教学的评价机制作为实践教学的重要环节,是推动实践教学的重要保障,也是提升实践教学水平的基础。评价即导向,通过科学而全面的评价机制建立起对学生实践能力和教师实践素质的综合评价体系,以保证思想政治理论课实践教学的规范化、常态化发展。

职业院校思想政治理论课实践教学评价机制需要解决和回答的,就是"评价什么"和"怎样评价"的实践教学问题。这就要解决思想政治理论课实践教学的评价指标体系、评价方法的问题。

一、思想政治理论课实践教学效果评价的指标体系

评价指标是评价标准的具体化、细目化,使得具有一定

---

① 马克思恩格斯全集:第3卷[M].北京:人民出版社,1963:34.

抽象性与概括性的评价标准具有可测性、可操作性、可比性。因此，科学而全面的评价指标在思想政治理论课实践教学评价机制中具有十分重要的地位。

（一）思想政治理论课实践教学效果评价指标体系确立的基本原则

1. 导向性原则

评价的最终目标是为了保证思想政治理论课实践教学效果的达成，因此，评价指标的设立都要以这一目标为根本导向，即坚持以提升学生的思想道德修养和实践作为目标导向。与此同时也应具有政治意识、大局意识，自觉将思想政治理论课实践教学作为立德树人的重要途径，坚持与时俱进，及时将国家关于职业院校发展的政策与要求纳入思想政治理论课实践教学的目标系统之中，培养能够担当民族复兴大任的时代新人。

2. 系统性原则

评价本身的公平性与科学性在一定程度上是建立在评价指标的全面性和系统性之上的。全面、完备的评价指标才能够真正反映与评价客体的特征与水平。评价切忌以偏概全、管中窥豹。评价指标既要有针对实践教学结果的维度，也不能忽视实践教学过程之中学生的情感、态度与表现；既要考虑学生政治素质的提升，也不可忽视其道德修养的进步。此外，系统并非部分的简单叠加，而是整体性的优化。兼顾教师的评价与学生的评价，注意二者之间的相对关系，最终形成具有相对独立性而又平衡互促的良好生态。

3. 可行性原则

可行性原则意味着思想政治理论课实践教学评价体系所确立的指标是这一系统之中的人员所能够切实从事、操作与实施的条目，它在反映教育要求、兼顾教育内容的同时必须充分考虑客观具体条件的制约，这一点对于职业院校思想政治理论课实践教学评价至关重要。指标失去可行性便也无从再谈其对于评价的意义与价值。另外，可行性也意味着评价指标是可测量的。评价指标不应只对于被评价者具有可行性，对于评价者也应如此。指标本身已经是标准的细目化、具体化，其内容也应能够通过操作化的语言概括、表达出来，可以使得评价者通过一定的测量手段得到相应的信息与结论。

4. 相对独立性原则

思想政治理论课实践教学各项评价指标应是相互独立的。这种独立性首先表现在各项平行指标的互斥性，即同一层级的指标不得出现重复、交叉的现象，否则必然影响评价结果的准确性。例如，将"学生实践活动总体表现"与"学生实践活动纪律"同作为学生思想政治理论课实践教学成绩指标加以考察，不但会加大评价的工作量，而且实际上在无形之中也加大了"学生实践活动纪律"这一指标的权重，影响了评价的科学性。

（二）思想政治理论课实践教学效果评价指标体系的构成内容

高校思想政治理论课实践教学评价指标体系主要由分别针对教师实践教学与学生实践活动的两部分构成。

1. 针对学生的评价指标

为了保证评价的准确性与全面性，针对学生实践活动的评价坚持过程性评价和终结性评价相结合的原则，将设立实践过程中和实践活动后两个方面的评价指标，综合评价学生实践教育效果。

第一，实践活动中的成绩评价指标。

（1）考勤成绩。由于思想政治理论课实践教学其教学场所具有开放性特征，高校教师也不能保证全程监督与督促，且大学生思想自由、活跃，因而对于考勤指标的设定就十分有必要。具体而言，此项成绩可依照一般高校公共课考勤成绩设定，设置为占总体实践教学成绩的10%，分值为10分。若学生无故缺勤，每次扣2分，三次以上无故缺勤则此项成绩作废。

（2）综合表现成绩。与考勤成绩相并列，应再设实践活动过程中的综合表现成绩。综合表现成绩再细化可从学生的活动纪律、活动态度、团队意识、个人能力四个方面考察。首先，学生实践活动纪律的表现是考察综合表现成绩的重要依据。没有规矩不成方圆。纪律是保证师生人身安全、实践活动场所财产设备安全和实践活动有序进行的重要保障。纪律意识也是个人进行团队协作的基础。设置活动纪律指标发挥约束作用，对保证学生自觉遵守活动纪律，有序推进实践教学活动意义重大。其次，活动态度也是综合成绩的组成部分。态度决定行为，学生在实践活动过程中态度积极或是消极、遇事应对或是逃避直接影响思想政治理论课实践教学的效果。此外，个人态度也会影响团队中的其他成员，进而影响团队的精神风貌。再次，对学生在实践活动中的综合表现进行评价时还要看其对于他人是否热情友好，对待工作是否认知细致，是否具有团队意识，是否勤于动手、乐于帮助他人。最后，个人能力也应计入个人综合表现成绩指标当中。在实践活动过程中，个人综合能力的展现也会有所不同。遇事的应变能力、服务团队的能力、交流沟通能力、吃苦耐劳能力都决定了个人的综合表现，个人能力表现突出的学生理应得到嘉奖，使其学习效果在实践活动成绩当中有所体现。

第二，实践活动后的评价指标。一般来说，学生思想政治理论课实践活动后的成绩一般由实践报告（思想汇报）或课堂展示所决定。形式可依据院校情况和学生情况决定。但实践活动后的及时汇报是考察实践教育效果和掌握学生思想动态的重要依据，要看其是否深刻、是否具有真情实感、是否真正体现个人思想及道德品质的进步和提升。

2. 针对教师的评价指标

以往针对教师的评价指标体系的制定偏向于能力素质的评定。例如，有学者主张从教师思想政治理论课实践教学的品德素质、能力素质、知识素质、身心素质四个维度进行调查评价。[①] 而问题在于这种指标维度对于思想政治理论课实践教学过程并不具有很强的针对性，更偏向于教师实践教学结果的分析，而且由于其不具有具体的抓手，常流于主观。笔者从思想政治理论课实践教学的过程出发，针对实践教学实施的不同环节对教师的评价指标进行了制定。

---

① 汪馨兰. 高校思想政治理论课实践教学研究 [D]. 成都：电子科技大学，2013.

第一，实践教学方案的制定。完备而切实可行的实践教学方案是整个实践教学顺利实施的基础和保障，也能够初步反映教师的能力和水平。首先应评价实践教学方案选题的质量与水平。选题对于提升学生思想政治素养与道德水平是否具有明显的针对性与可能的实效性，选题本身是否符合学生接受认知水平，选题是否契合教学大纲与培养方案，这些都是评价中应该加以考虑的因素。其次要评价实践教学方案的形式与内容。目标是否清晰、步骤是否翔实、方法是否明确，以至于方案形式的工整与否都是评价要综合考虑的因素。

第二，实践教学过程的组织实施。实践教学过程中，教师应亲自参加并监督指导，主持教学纪律并保障学生安全。对于突发事件教师能够妥善处理，必要时能拿出详细周密的预案。

第三，实践教学结果的评定。这一维度主要基于学校与学生的反馈来综合评价教师在实践教学过程中的能力与表现。学校教务主管部门与参与实践教学的学生对教师的师德师风、政治素养、教学水平、教学方式的满意度都是教师实践教学结果的直接反映。

第四，实践教学总结。教学总结是教学过程的一部分，也是教师评价指标制定过程中应考虑的重要内容，主要评价教师是否对学生的实践活动进行了认真、及时、全面、客观的总结，并形成文字报告。

（三）思想政治理论课实践教学效果评价指标体系确立的基本依据

1. **理论基础**

马克思主义哲学为实践教学效果的评价指标确立提供了世界观和方法论的理论指导。

（1）马克思主义认识论。从马克思主义认识论出发，我们在构建评价指标体系时并不能凭空捏造，想当然地拟定评价指标，认识应来源于实践。构建评价指标的唯一依据就是客观实践，从实际评价对象的个别特征和现象着手，深入探究其内在本质，经过分析、判断、归纳、整理才能使评价指标具有可能的客观现实性特征。且根据认识规律，人的认识过程并非一蹴而就的，而是要经过从实践到认识的多次反复才能完成。所以，在评价指标的构建上，相应的反馈机制也要跟上，及时比对实践效果，不断调整，以臻完善。

（2）马克思主义评价论。马克思主义关于评价的相关理论是评价指标制定的直接性依据。列宁说："只有根据决定论的观点，才能做出严格正确的评价，而不致把什么都推到自由意志上去。"[①] 评价是认识与实践的中介。对于事物做出客观而全面的评价本身也是认识的一个环节，而且这一环节处于认识过程末端。因此，它既是一个认识活动的终点，也是一个新的实践活动的起点。所以，评价指标的确立并不能只停留于指标设立的本身，也不能中断于得出评价结果，而应立足于思想政治理论课实践教学的评价基础之上，

---

① 列宁选集：第1卷［M］．北京：人民出版社，1995：26．

产生新的目的、计划、方案和决策，使认识在更高层次上向实践飞跃，使思想政治教育得到发展。

（3）马克思主义人学思想。评价并非为了评价本身，而是针对作为评价对象的人。马克思主义理论的伟大之处正在于它是为了实现整个人类自由而全面发展的科学理论。中国共产党也一直秉持着"为人民服务"的执政理念，在新时期"立德树人"也是教育体制改革和教育现代化的终极目标导向。实践教育作为思想政治理论课教学的重要环节，其目标服务于整个教育大目标，都是为了学生最终自由而全面的发展。以马克思主义人学思想为理论指导，坚持"以人为本"的思想，确立实践教育评价指标，加强学生的实践教育。在实践中锻炼其能力和品德、提升其思想，激励学生勇挑时代重任，塑造自由而全面发展的时代新人。

2. **现实依据**

（1）思想政治理论课实践教学的政策法规。思想政治教育本身作为一定阶级、政党用一定的思想观念、政治观点、道德规范，对其成员施加有目的、有计划、有组织的影响的社会实践活动，本身就体现一定阶段以及整个社会和国家的意志与观念。而这种价值观和意志又集中体现在政府有关思想政治教育的政策法规当中。政治性是思想政治教育的鲜明属性，是思想政治教育本身作为共产主义事业组成部分所必须深刻牢记并且时刻体现在实践当中的本质特色。思想政治理论课实践教学评价指标体系的确立以相关的国家政策法规为现实依据，一方面是其作为思想政治教育内容的应有特征，另一方面是这种对于政策法规的吸纳与熔铸，也是实践教学与时俱进、积极提升教学内容与方法的内在要求。质言之，政策法规是评价指标确立的导向与依据，而评价指标也是政策法规落地的直接途径。思想政治理论课实践教学评价指标体系的确立在落实政策法规的意志、要求之时，一定要注意用具体且具有操作性的观测点来体现相应的政策导向，保证政策的落地、生效，真正发挥其直接性作用。

（2）受思想政治理论课实践教学的实际发展水平制约。思想政治理论课实践教学评价指标的确立，其依据并不是理论分析而是现实调查。评价的目的是督促、鼓励思想政治理论课实践教育的落实和作用发挥，反馈与调节师生的实践水平而最终实现道德品质的提升、政治素养的飞跃和理想信念的坚定。就这一点来说，评价指标对于评价对象具有目标的相似性质。若评价指标的制定本身低于实践水平，其存在不仅没有作用，而且还可能会因其过于容易达成而使评价对象产生怠懒、应付的心理，从而与设立初衷背道而驰；反之，若超越现实水平过多，难于或者根本不可能实现，那指标体系本身又如空中楼阁，或者成为摆设，或者遭到测评对象的反感与反抗。因此，评价指标体系的确立以思想政治理论课实践教学的现实水平为依据，就是要在充分考虑具体单位、具体人员、具体情况的基础上，明晰历史发展情况，结合专业特色和单位特色制定符合测评对象水平且又具有一定超越性的指标。且这种指标体系是针对测评对象的，绝不能把某一单位、部门的测评指标直接拿来简单套用，这样容易走入脱离实际的误区，不能够真正发挥测评指标的作用。

（3）思想政治理论课实践教学的实践探索。思想政治理论课实践教学在现实实践探索中为指标体系的确立积累了一定的成功经验，这为思想政治理论课实践教学评价指标的确立提供了实践的依据。此外，其他体系中相似或相关评价指标也可为思想政治理论课实践教学指标体系的确立提供一定的参考或借鉴。一些单位或部门对思想政治教育的评价以及其他实践教育的评价所积累的经验对评价体系的作用也是十分重要的。但需要注意的是，借鉴其他体系中的评价指标时一定要因时而变、因势而新、因地制宜，为我所用的同时应注意其匹配度和融合度。

二、思想政治理论课实践教学效果评价的方法

毛泽东同志曾形象地指出："我们的任务是过河，但是没有桥或没有船就不能过。不解决桥或船的问题，过河就是一句空话。"① 方法是达成目标的关键。科学的评价方法是有效落实评价指标，全面、公正地评价思想政治理论课实践教学真实情况的基础。

（一）评价方法实施的基本原则

1. 定性评价与定量评价相结合

所谓定性评价是指侧重于对评价对象质的方面的评价，是一种对评价对象整体及其性质进行分析、综合鉴别的评价方法。定量评价与之相对，重点在于通过对评价对象量的把握，用精确的数据分析来把握评价对象的整体或局部面貌。

深入来说，定性评价与定量评价由于其各有侧重和优势，在实践中具有功能上的互补性。离开定量的定性评价由

---

① 毛泽东文集：第3卷[M]. 北京：人民出版社，1999：541。

于缺乏客观、具体资料的支撑可能会只停留于模糊认知，受一时的印象或以往的经验影响从而具有较大的主观随意性；而离开定性的定量评价又可能失于片面和机械，从而忽略对整体的把握。实践教育评价方法坚持定性评价与定量评价相结合的原则，一方面要考察学生的考试成绩、出勤次数、思想汇报成绩等量化的指标，另一方面也要对学生在实践活动中的态度、能力表现和积极性进行评价。定量评价能够具体反馈学生在某一方面的具体实践活动表现，保证实践活动如期完成；定性评价则能够整体把握实践活动教学质量。两种性质的评价方法在性质和特征上互补，将两者有效结合，共同发挥评价作用，才能真正更为全面和准确地把握实践教学效果，发挥评价体系的反馈调节、激励促进作用，进而使教育内容内化于心、外化于行，提升教学效果。

2. 单元内评价与单元外评价相结合

单元内评价与单元外评价，顾名思义就是评价主体与被评价客体所处单元是否具有互异性。具体来说，思想政治理论课实践教学单元内评价通常就是指教师对学生、学生对学生、学生对教师、单位对教师与学生所进行的评价行为。这种评价方式具有一定客观性，而且评价双方通常来说对彼此的综合情况也更为熟悉，因此，评价结果可能会更加科学和准确。但是，这种评价从范围上来说也是某一单元内部的评价，并未跳出同一圈层，性质也偏向于"自评"。因此，也可能会为实践教学流于形式，某些单位或个人弄虚作假、敷衍了事提供可乘之机。单元外评价则在很大程度上避免了这种弊端，它利用评价主体与客体在身份上的陌生性、情感态度上的客观性以及行政等级上的差异性使得评价结果本身更加具有评价监督的性质，填补了单元内评价的缺陷。例如，教育主管部门定期或不定期抽查某些单位的思想政治理论课实践教学状况，单位之间互评实践教学状况，都会对被评价者产生一定的监督评价作用，从而有效避免了上述单元内评价存在的弊端。将单元内评价与单元外评价相结合时要注意两种评价形式的差异，以单元内评价为主，单元外评价为辅，各自采用适合且有效的评价方法。单元内评价更适合于操行评价法、讨论评价法、提问评价法、口试评价法；而单元外评价考虑到工作量与工作周期，作业评价法和论文评价法更为合适。将两者有效结合，最大程度地发挥两者的作用，可以确保院校思想政治理论课实践教学活动的顺利展开。

3. 全面评价与重点评价相结合

全面评价侧重于对评价对象整体性、系统性的评价，置于思想政治理论课实践教学评价视域下其全面性，一方面要求评价标准与评价指标的全面，另一方面也指评价对象的全面，即人人评价、面面评价。重点评价则是在全面评价的基础之上，抓住评价对象的某一方面进行更为深入、细致的考察，这一方面可以是思想政治理论课实践教学的重点、难点、薄弱点或者是与时政相关的热点。解决问题应抓住其主要矛盾的主要方面。例如，高校思想政治理论课作为立德树人的主渠道和主阵地是思想政治教育的重点，而思想政治理论课实践教学则又是理论课的重点和难点，因此，实践教学水平提升对于整个思想政治教育而言意义重大。全面评价与重点评价相结合首先要注意的是评价重点的把握。评价重点作为整个评价的聚焦点，其结果对于整体性的评价结论至关重要，一旦重点把握出现偏差就会影响整体评价的科学性。因此，评价重点的敲定，一方面要依据具体的评价系统而变，教师的评价重点与学生绝不相同；另一方面对评价重点的把握也要以实践教育的目标为指引，这有利于促进整体思想政治教育水平的提升。其次，对于重点评价的方面也应设置相应的权重，在分数上有所凸显。重点评价方面其指标也应更为细致、繁复，相应的分数所占比值也应更大。最后，对于重点评价的方面应预先告知被评价者，这样才能促使被评价者着重准备，从而真正发挥重点评价的促进作用。

４．形成性评价与总结性评价相结合

思想政治理论课实践教学评价并非只是为了最终得到一个结果，进一步来说是服务于实践教学水平的提升。总结性评价侧重于对评价对象进行分等鉴定，以区分对象的优良程度为目的，具有诊断、导向和强化的功能。它进行于整个实践教学过程之后，无法发生作用于"将然之前"。而形成性评价进行于实践教学的过程当中，主要目的在于了解工作实施情况，及时发现工作中存在的问题及缺陷，然后有针对性地加以调节和引导，可以弥补总结性评价的不足。思想政治理论课实践教学是一个元素众多、结构复杂的综合系统，出现问题之时只有进行及时的调整才能使其始终处于一个较为良性的动态运行之中。如果仅仅依靠总结性评价，在一个阶段的运行之后加以评价、发现问题再加以调整，那么除了需要承担不理想的实践教学效果之外，还要投入更多、更大的工作量和精力。亡羊补牢不如防患于未然，将形成性评价与总结性评价相结合，在实践教学过程之中不断地进行反馈调节，推动实践教学的持续提升和发展。

（二）具体评价方法

无论是定性评价与定量评价、单元内评价与单元外评价、全面评价与重点评价，还是形成性评价与总结性评价，从本质上来说都并非具体的评价方法，而只是针对具体不同的评价方法从特定角度所进行的分类与概括。例如，具体的实践教学评价方法操行评价法既可以是形成性评价也可以是总结性评价，而论文评价法则更多时候被定位为定量评价。针对职业院校思想政治理论课实践教学方法的单一性，通常采用上交实践调查报告的形式进行评价。这里笔者建议采用多种评价方法相结合的方式，以完善评价机制。实践教学评价方法有六种。

1. 论文评价法

由于思想政治理论课实践教学本身的方法特征决定了以往闭卷评价的评价方法并不适用。实践教学方式较为灵活，场所较为开放。一方面闭卷评价难以提升教学实效，另一方面仅凭一纸试卷也难以检测学生在实践教学当中能力素质发展的真实程度。相比较而言，实践调研报告或思想汇报的方式更能促进学生在反思与总结中进行自我教育，延长相对教学时间。

首先，对于实践调研主题的选择一方面要与课程教学内容和教学大纲所要求的能力素养结合起来，注意培养学生的问题意识、探究精神；另一方面也要贴近学生、贴近生活，针对学生的兴趣点和阶段性性格特征进行选择。主题的选择要存在可能的利益契合点，符合学生的成长需求和期待。同时，实践报告或调研论文的内容和形式也要有所规定，既不能是纯学术性的，也不能是简单的收获体会式的，而应该既有翔实的数据和调研记录，也应该有较为专业和深入的学术分析，以体现相应学科的属性和特点。其次，由于论文工程量较大且具有一定难度，为了保证学生顺利完成论文，应该采取指派指导教师和制定、分发课程论文指导书等形式，让学生在完成论文过程中可以有条不紊、有序进行。再次，论文评价方法既可运用于学生组建实践调研小组的形式，也可以让学生单独完成。通常来说，可根据班级的具体情况和论文主题进行确定。最后，关于实践报告论文的审阅，要关注调查报告的内容完整性、创新性、格式和字数是否符合课程要求以及是否存在抄袭等现象。

2. 展示评价法

随着我国教育现代化进程的加速发展，电子信息设备及影视设备基本已实现普及化。这为实践教学展示评价法提供了基本的物质基础。展示评价法基于学生在课堂上所做的公开性实践教学展示来评价其学习效果和不足。这种方法通过面向全班师生的课堂展示不仅有利于学生之间借鉴优势、规避短板，而且教师也可以基于未展示学生的反馈使得评价结果更为全面和客观。同时，小组性的展示也可以培养学生的团队协作能力，共同致力于实践学习的展示，集思广益。具体来说，可让学生自由组成人数相等的若干小组，由成员推选各小组组长，然后将小组编号。在展示之前，教师搜集展示主题并通过抽签方式随机确定各小组展示顺序，告知展示具体要求、安排展示时间。展示内部分工也由各小组自行安排。展示之时可由小组推选一名或若干名成员上台展示，再由其他非本次展示小组打分，最后算出所得平均分作为本组成员的展示成绩。展示内容可以本小组的实践调研报告为蓝本，重点展示实践过程、收获和体会，总结经验与教训。

3. 提问评价法

在实践教学当中提问是学生积极参与教学、师生互动交流的重要方式。提问评价法按照提问主体的不同，可以分为教师向学生提问以及学生向教师提问两种形式。教师在实践教学过程中向学生提问以作为评价内容分为三种形式。第一种是在实践教学展开之前的提问。在这种情况下，教师预先提出有关实践教学主题的问题作为实践教学的引子。这一方面可以激发学生兴趣，使学生在接下来正式的实践教学之中能够始终带着好奇心和探索欲，然后再由老师层层引导、得出结果，在不知不觉当中实现学生的全程参与。另一方面也可以调动学生的主体积极性，激励学生在课前通过读书和研讨这一问题实现自我教育。老师在实践教学之前提出的问题可以是本次实践教学的重点、难点或切入点。第二种是实践教学过程中的提问。这种提问可以获得学生关于课堂教学接受程度的反馈，看其对于教学内容是否理解，同时也可以通过提问来调节教学节奏和教学氛围。第三种是实践教学之后的提问，在整个实践教学完成之后的提问的主要目的是促进学生关于教学的反思和巩固，实现教学输出的内化，进一步深化教学效果。

提问评价法作为评价的具体形式体现在对于学生实践教学平时成绩的影响。关于提问的分数可以分为发言分与内容分。只要学生积极主动回答问题就可以获得发言分，然后再根据回答内容的质量给予相应的内容分。学生在实践教学过程中回答问题越积极、主动，分数也就越高。一般来说，利用分数的激励导向作用可以收到不错的效果，以此提升教学参与度。

4. 讨论评价法

通过组织主题性的讨论，根据学生在讨论中的表现进行评价，这也是实践教学常采用的一种方法。在实践教学中，教师可以就教学的重点、难点、疑惑点或热点来组织讨论。在组织讨论过程中教师只发挥主持作用，或者主持工作也由学生自行安排，教师仅观看。讨论主体分为若干小组，先给出一定时间让小组内部准备讨论文稿、推选发言人，讨论时由推选的代表发言，其他小组成员可以补充发言。各小组负责人做好发言记录，发言结束之后再提交一份发言提纲作为课堂材料。具体的评价可采用小组之间互评和老师评价相结合的方式，根据学生发言次数、发言内容和综合表现打分。讨论评价法以一个具体主题为讨论点，讨论的过程也是大家思想碰撞的过程，可以激发学生们的参与意识，提升全面认识问题、分析问题和明辨是非的能力。在讨论过程中教师需要注意的是讨论纪律的主持和讨论情况的记录。当学生交锋激烈而又不能得出具有说服力的结论时，教师可以加以解释和引导，以保证讨论的顺利进行。

5. 口试评价法

口试相对于传统笔试来说，更能考验学生的语言组织能力、临场应变能力和交流沟通能力。实践教学通过口试的方法评价具有三个优点：第一，评价内容更为综合。口试过程中，学生和考官面对面交流，考官除了能判断考生的知识掌握情况之外，对于学生包括道德、情感、认知等在内的综合能力也能有所感知，评价内容实则更为综合。第二，评价结果更为真实。如上所述，口试需要调动学生的脑、手、口，而且在面对面的问答当中，学生需要即时性回答，没有过多准备、思考的时间，因而不存在抄袭、舞弊现象，评价结果更为真实。第三，口试或者面试无论在升学还是就业中都至关重要，也是参与社会实践较少的大学生相对薄弱的环节，实践教学通过口试评价不仅对于实践教学本身起到测评作用，而且还给学生提供了锻炼的机会，为日后的毕业答辩、升学面试和就业入职都提供了一次有效的演习。

关于口试评价方法，在实践操作过程中首先要注意早布置、早准备。教师应提前将评价方式与要点详细告知学生，以达到明确的导向作用。其次，要把好命题关。口试过程中采取随机抽取题卡的方式确定口试内容，每张题卡的难易程度应该大致相当，不能差距过大，否则有失公平。题目也应该理论性与实践性兼具，出题不能太偏，应紧扣教学重点，难易适度，过难与过易都会失去评价的作用和意义。最后，应注意考场纪律的严肃性。口试过程中的每个环节都应做好预先的严密组织，抽签、问答与记录都要有专人负责，保证整个过程公正、有序。

6. 作业评价法

实践教学过程中，定期且考察目的明确的作业对于了解学生关于教学知识的掌握程度和思想道德的提升水平都有直接作用。通过作业也可以发现教学中存在的不足，以此来改进教学方式。作业评价法相对于论文评价法来说形式更为灵活多样，作业可以是针对实践教学的思想汇报，即总结对于此次实践教学的认识与收获或者建议与意见；还可以是与实践教学主题相关的读书报告，通过阅读相关的经典书目拓展学习内容、深化思想认知；也可以是一次简单的社会调查或服务，以小组的形式开展。对于作业，要有格式上、内容上、字数上的要求，评分标准也要随作业一起告知学生以起到导向作用。此外，关于作业的频率和数量，教师也要注意适当掌握，其目的只是简单地考察和巩固实践学习效果，不可给学生造成较大的学业负担，引起学生对于此门课程的抗拒和反感。

三、思想政治理论课实践教学效果评价的相关机制

十年树木，百年树人。教育系统复杂庞大，每个单独的机制都不可能独立完成育人作用，这需要整个系统中的各个部分相互协调、配合，在发挥各自功能的同时共同实现目标的达成。思想政治理论课实践教学评价机制也同样如此，其内部除了单独的考量与评价机制之外，相应的信息反馈机制和奖惩机制也是评价机制不可或缺的组成部分。

（一）信息反馈机制

实践教学中教师和学生的表现情况信息是做出评价的基础，而评价结果信息又是做出进一步教学调整、政策调整的基础。在整个评价机制中，信息反馈机制起着重要的纽带作用，其贯穿在整个实践教学过程中。评价机制中所需要反馈的信息按照不同环节可分为评价基础信息、评价条件信息和评价结果信息。

1. **评价基础信息**

评价过程也就是对评价客体信息进行挖掘、搜集、分析、综合、判断的过程。这种以做出评价判断为目的，作为评价做出的基础和依据的信息就是评价基础信息。思想政治理论课实践教学的最终目的是实现学生将理论知识内化为坚定的理想信念，外化为自觉的行为，这是知、情、意、信、行多方面心理因素综合的结果。首先，对于学生的评价基础信息的搜集同样也需要学校、家庭、社会多方面的支持与互动，因此，要建立家庭、社会、学校多维参与的互动反馈机制，多方面、全方位地掌握真实的目标信息。同时，评价基础信息除了要求空间上的全面性之外，在时间上也要近期与远期相结合。其次，对教师的评价基础信息进行搜集并反馈到评价系统中时也要拓宽信息源，除了学生的评教信息、教学成果信息之外，同事和领导也是对其实践教学态度有直接或间接性感知的人，也可作为评价基础信息的来源。最后，单位的评价基础信息更多的是来源于工作记录、会议记录、活动记录、成绩总结一类的原始档案材料，但以此作为唯一的基础信息来源则是不可取的。因此，要结合实地考察、访谈座谈等信息搜集方法。同时，为了保证基础信息的真实性，也可对单位人员做随机性的问卷调查，核实基础信息。

2. **评价条件信息**

评价具有导向作用，发挥导向作用的基础是让被评价者对评价的重点、方式、指标了然于心，这样被评价者才能够在实践中补足短板，朝着评价方向努力。对于学生的实践教学评价来说，在每一次的实践教学开展之前，教师都应明确地告知评价的具体方式和时间，以此发挥评价对于实践教学提升的内在驱动力。教师和单位的评价条件信息由其所在单位和上级单位制定评价工作办法和细则，以文件的方式下发至被评价者手中，并且同步传达此次评价的基本原则和工作精神，以此调动相关人员的敏感度，营造积极准备、应对评价的团队氛围。评价条件信息的反馈到位，需要注意的是处理好方式与内容的关系。尤其是教师通知学生评价信息条件，只能够停留于具体评价方式和评价时间，评价内容和重点是绝对不能泄露的。评价内容信息的绝密性是保证公平性的基础，一旦触及评价本身也就意义不大了。此外，评价条件信息的反馈与不定期、突击性的评价也并不冲突，在下发评价细则之时，如果有这种常态化与不定期相结合的评价方式也应通知到位，让被评价者有所准备。

3. 评价结果信息

信息反馈机制从搜集评价基础信息到组织评价之前通知条件信息到位，到最后得到评价结果之后将结果信息反馈给被评价者以督促其弥补不足、保持优势，这才形成一个完整的信息闭环，也是一次完整评价的结束。此次评价结束，被评价者调整实践，促使实践教学在更高水平的层面继续发展，同时又是另一轮评价的开始。而每一轮有效评价的对象都在上一轮的基础上得到了发展。评价结果信息的反馈首先要注意时效性。信息反馈要及时，反馈评价信息是为了让被评价者知晓自身在实践教学中存在的问题。信息反馈滞后，一方面会造成问题进而影响教学和学习，甚至存在的问题因为得不到及时的引导会进一步发展和恶化，使整个教学过程存在隐患，降低思想政治理论课实践教学的实效性；另一方面某些问题因为没有被及时地指出而被忽略或者淡化，也会成为隐患。其次，信息反馈要注意方式，体现人文关怀。人是一切社会关系的总和，有着独特的心理和情感需求。太直接的公布或通知不理想的结果会挫伤被评价者的情感，而且评价信息从某种程度上来说也属于个人的私人信息。因此，除了必要的奖惩人员之外，结果信息可私下通知被评价者。

(二) 奖惩机制

在实践教学当中要真正发挥评价机制的指挥棒作用，离不开相应的奖惩机制。评价结束之后，具体的奖惩制度也要及时跟上，评价结果在具体的奖励与惩戒中有所体现才能够真正发挥评价的意义，进一步引导、激励、规范实践教学体系中的相关人员共同致力于寻找学生成长成才的突破口、实现立德树人的根本任务。

奖惩的具体方式和内容可以因时、因地制宜，但是基本精神就是奖勤罚懒、奖优惩劣。让认真进行实践教育、砥砺自身品格的学生，真心投身于实践教学中、尽心尽力、认真负责、广受好评的教师以及实践教学安排到位、全面细致的单位都得到应有的奖励。相反，对于态度散漫的学生、教学态度敷衍的教师、工作流于形式的单位应进行惩罚，在褒奖与惩戒的对比中好坏立现，对其他被评价者也会产生激励和导向作用。

奖惩的具体方式对于学生、教师而言各有不同。对学生的奖惩主要体现在对实践教学成绩的影响。可以将实践教学成绩作为评优评先、奖学金评定以及入党和升学的重要条件。对于实践教学成绩不合格的学生，必须要求其重修该课程，且不具备本学年的奖学金评定资格和入党申请资格。对老师的奖惩也同样如此，实践教学表现优异的老师，可以在职称评定、进修培养等方面具有一定优势。同时，设置先进"实践教学标兵"的荣誉称号，将教学成果予以展示，以此激励教师的积极性。相反，对于学生评价差、教学态度敷衍不负责任的老师，除了口头批评之外还要扣除相应的教学工作量，并责令限期整改。

附录1："职业院校思想政治理论课实践教学研究"问卷调查报告

为贯彻落实《高等学校思想政治理论课建设标准》《新时代高校思想政治理论课教学工作基本要求》《关于深化新时代学校思想政治理论课改革创新的若干意见》文件精神，切实提高职业院校思想政治理论课的教学实效性，推进教学模式创新，积极拓展思想政治理论课建设格局，完善思想政治理论课实践教学机制，"推动形成全党全社会努力办好思想政治理论课、教师认真讲好思想政治理论课、学生积极学好思想政治理论课的良好氛围"①，从2018年起，"职业院校思想政治理论课实践教学研究"课题组在学校党委和相关部门的统一领导下，在其他各高校的支持与帮助下，开始进行为期3年的"职业院校思想政治理论课实践教学研究"的调研工作，取得了较为丰富的研究数据。其中，运用问卷星平台开展的题为"职业院校思想政治理论课实践教学研究"问卷调查，是本次调研工作的重要内容之一。调研的情况总结如下。

---

① 习近平. 思政课是落实立德树人根本任务的关键课程［J］. 求是，2020（17）：15.

一、调查的基本信息

本次调查通过问卷星平台进行资料收集,调查范围覆盖了我国华南、华北、华东、华中、西北、西南、东北地区超过50所高职、高专和本科学校。参与线上问卷调查的师生共2675人。其中,三年制高职和大专学生2189人,四年制本科学生223人。参与本次问卷调查的教师263人,分别来自三年制高职(54.37%)、三年制大专(22.05%)、普通本科院校(18.63%)和独立本科院校(4.94%),学历程度分别为博士研究生(4.94%)、硕士研究生(63.12%)、本科(28.9%)、其他(3.04%),从事的工作分别为思想政治理论课教学工作(50.95%)、学生管理工作(15.59%)、公共基础课教学工作(9.51%)、专业课教学工作(15.59%)、团委工作(1.14%)、学校行政管理工作(7.22%)。

二、调查内容与结果分析

本次问卷调查主要从六个方面开展:一是问卷参与者对思想政治理论课实践教学的认知状况,包括对实践教学概念的认知、对实践教学与理论教学关系的认知以及对实践教学作用的认知等;二是学校对思想政治理论课实践教学的规范化管理及重视程度,包括实践教学的课程设置情况、学时的设定、学分的设定、教师课酬及经费保障等;三是思想政治理论课实践教学的组织开展情况,包括实践教学的方式方法、内容主题、工作机制等；四是思想政治理论课实践教学的环境建设，包括各种实践教学环境的教育教学效果、使用情况、受教师和学生欢迎的程度等；五是思想政治理论课实践教学的评价方式，包括评价模式和评价方式；六是对思想政治理论课实践教学改革的策略，包括改革的重点、方向和建议。

（一）问卷参与者对思想政治理论课实践教学的认知状况

1. 对思想政治理论课教学模式的认知

有36.50%的教师和25.17%的学生选择了理论教学为主、实践教学为辅的教学模式，5.71%的教师和28.15%的学生选择了实践教学为主、理论教学为辅的教学模式，55.89%的教师和44.65%的学生选择了理论教学与实践教学相结合的教学模式，1.52%的教师和1.49%的学生选择了纯理论的教学模式，另有0.38%的教师和0.54%的学生选择了纯实践的教学模式。这组数据表明，理论教学与实践教学相结合的教学模式是思想政治理论课的有效模式，受到大部分师生的共同认可，理实一体、理论与实践相结合是思想政治理论课的重要特征。

2. 实践教学的概念

有62.74%的教师和58.33%的学生选择了围绕思想政治理论课教学开展的一切活动，有8.74%的教师和17.79%的学生选择了与理论教学相对的课外实践活动，27.38%的教师和21.43%的学生选择了与理论教学相对的课内外实践活动，1.14%的教师和2.45%的学生选择了专指社会实践活动。这组数据表明,对于实践教学的概念应做广义的解释,即实践教学是指围绕思想政治理论课教学开展的一切活动。因此,实践教学的范围既包含课堂实践和课内实践,也包括社会实践和课外开展的一切实践活动。广义的实践教学概念有利于拓展实践教学的形式和空间,深化实践教学的内涵。

3. 实践教学的主体

有42.21%的教师选择了学生为主体,1.14%的教师选择了教师为主体,36.50%的教师选择了教师主导、学生参与,20.15%的教师选择了学生主导、教师参与。这组数据表明,学生是思想政治理论课实践教学的重要参与者,是实践活动的主体。实践教学的意义就在于通过学生的主体性活动即学生的自我参与、自我体验、自我感受、自我锻炼,实现思想政治理论课的知识理论体系向学生的思想意识和行为习惯的转化。而这其中,很重要的一环,是不能脱离教师的理论指导和思想引导,这需要教师帮助学生寻找方向、修正错误,否则会出现学生在思想和行为上的偏差,消解实践教学的作用和效果。

4. 实践教学的地位和作用

有63.50%的教师和54.68%的学生选择了对开展思想政治理论课教学作用极其显著、极为重要,25.47%的教师和32.34%的学生选择了对开展思想政治理论课教学作用明显、比较重要,9.89%的教师和11.61%的学生选择了对开展思想政治理论课教学有作用、重要,1.14%的教师和1.37%的学生选择了对开展思想政治理论课教学没作用、不重要。这组数据表明,思想政治理论课实践教学的重要性得到了职业院校师生的普遍认可,实践教学在思想政治理论课教学中作用突出,效果显著。

(二)学校对思想政治理论课实践教学的规范管理情况

1. 对实践教学的重视程度

有33.84%的教师选择了非常重视,43.35%的教师选择了比较重视,15.59%的教师选择了重视,7.22%的教师选择了不重视。这组数据表明,我国职业院校对思想政治理论课实践教学的重视程度较高,这种高度重视的态度对于推动实践教学的开展、保证实践教学质量、加强实践教学建设,起到了很好的促进和保障作用。

2. 对实践教学的规范管理

第一,课程设置。对于"您所在的学校思想政治理论课实践教学是如何设置的?"这一问题,有37.26%的教师选择了依课程分别开展实践教学,实践教学学分单列;有31.18%的教师选择了依课程分别开展实践教学,实践教学学分不单列;有20.15%的教师选择了把思想政治理论课的实践教学统一起来,设置为一门独立课程,实行教学计划、课时、学分单列;有11.41%的教师选择了不清楚。但是,对于教育部颁发的《高等学校思想政治理论课建设标准》和《新时代高校思想政治理论课教学工作基本要求》中关于学分单列的看法,有76.05%的教师选择有必要单列,认为单列有利于促进思想政治理论课实践教学的实施和开展;有20.91%的教师选择了没必要单列,思想政治理论课本来就是理实一体化课程,不宜将理论部分和实践部分分开;另有3.04%的教师选择了单不单列无所谓，对思想政治理论课教学没有显著影响。这组数据表明，实行实践教学学分单列是对实践教学实施规范管理的一种有效方式，但在是否实行学分单列、如何单列方面，各校存在着一定的差异。究其原因，主要是对实践教学与理论教学的关系认知不同。主张依课程分别开展实践教学、学分不单列的，强调的是思想政治理论课实践教学和理论教学的紧密结合；把实践教学从思想政治理论课课程体系中独立出来，单列为一门思想政治理论课实践课做法的，则侧重于强调实践教学的保障和落实，但人为地把实践教学与理论课程和理论教学抽离，不利于理论与实践的紧密结合，不能很好地体现思想政治理论课理实一体的课程特点。

第二，课时、课酬、经费。对于实践教学是否纳入教学计划并核定课时、是否给予教师实践教学课酬以及是否有活动经费保障的问题，有74.90%的教师选择了纳入教学计划并核定课时，11.79%的教师选择了纳入教学计划但没有核定课时，3.42%的教师选择了没有纳入教学计划也不核定课时，9.89%的教师选择了不清楚；有58.56%的教师选择了与理论课同等课酬标准给予课酬，4.18%的教师选择了以高于理论课的课酬标准给予课酬，15.21%的教师选择了以低于理论课的课酬标准给予课酬，22.05%的教师选择了不给课酬；有41.83%的教师选择了有专门经费，20.15%的教师选择了没有专门经费，38.02%的教师选择了不清楚。这组数据说明，我国职业院校在执行教育部关于实践教学的课时、课酬、经费的规定上不够严格，差异性较大。虽然绝大部分学校都能够严格落实教育部的规定，将实践教学纳入教学计划并核定课时，给予教师课酬，给予经费保障，但仍有极少数学校对实践教学既不纳入教学计划也不核定课时，对实践教学不够重视且缺乏规范管理，还有部分学校没有专门的实践教学经费，实践教学经费保障机制不足。而不给予教师实践教学课酬和以低于理论教学课酬标准给予课酬的做法则亟须纠正。这种做法不能体现对教师教学工作的尊重，违反了国家法律关于按劳分配的规定，挫伤了教师开展实践教学的积极性，不利于实践教学的长效开展。

（三）思想政治理论课实践教学的组织开展情况

1. 实践教学的课程覆盖面

在"哪些课程实施了实践教学"的问题上，有83.87%的学生选择了"思想道德修养与法律基础"，78.52%的学生选择了"毛泽东思想和中国特色社会主义理论体系概论"，78.36%的学生选择了"形势与政策"，25.25%的学生选择了学校开设的独立设置的思想政治理论课实践课程。这组数据表明，我国职业院校思想政治理论课实践教学的课程覆盖面很广，实践教学落实和开展的情况良好。

2. 实践教学的主题和内容

从学生和教师的选择情况看，目前在我国职业院校开展的实践教学主要集中在爱国主义教育、理想信念教育、道德教育、法律教育、习近平新时代中国特色社会主义思想学习宣贯活动、改革创新实践活动、历史文化教育、时事政策教育、生态环保实践活动以及其他实践活动中。其中，以爱国主义为主题的实践活动开展得最多，选择此答案的师生人数比例都超过了90%，其次是道德教育、法律教育和习近平新时代中国特色社会主义思想学习宣贯活动，选择的人数比例为75%～80%。这组数据表明，我国职业院校思想政治理论课实践教学鲜明地突出了思想政治理论课的政治立场和价值导向，充分彰显了思想政治理论课"立德树人"关键课程的地位和作用，很好地回答了培养什么人、怎样培养人、为谁培养人的重要问题。

3. 实践教学的方法和满意度

学校采用最多的思想政治理论课实践教学具体方法，按照教师选择的比例从高到低排序，依次为：学生自行参与的假期社会实践或者社会调查活动（69.58%）、以学生社团为引领，带动学生参与各种校内外实践活动（66.54%）、演讲比赛（65.40%）、课堂讨论（64.64%）、学校资助的各种参观考察和社会调查等（63.12%）、学校建立的校外思想政治教育理论课教学实践基地活动（58.94%）、辩论比赛（55.13%）、校内思想政治理论课实践教学基地活动（51.60%）、主题网站建设成有网络互动平台的网络实践活动（39.54%）以及其他（14.83%）。而学生最喜爱的实践教学方法，选择比例比较高的主要有学校组织的各种参观考察和社会活动（75.58%），学生自行参与的假期社会实践或者社会调查活动（65.46%），校外思想政治理论课实验实训室（或实践教学基地）活动（56.47%），校内思想政治理论课实践教学基地活动（51.62%），校园文艺文化活动（48.92%），任课教师组织的课堂专题讲座、案例点评、材料分析等（47.43%），由学生自行参与的课堂讨论、辩论、演讲等活动（46.27%），依托专业课开展的思想政治理论课实践教学（29.68%）。其中，学生对于思想政治理论课开展的社会考察、社会调研等形式的实践教学的满意度很高，选择很满意和比较满意的人数超过了80%，对于以学生为主体进行的课堂讨论、辩论、比赛、角色扮演等课堂实践活动，感兴趣的程度也很高。这些都表明，我国职业院校思想政治理论课实践教学活动形式丰富、方法多样，实践教学开展情况良好。校外社会实践活动对于帮助学生接触社会、积累社会经验以及开拓视野、扩大知识面，提升学生的社会认知能力和社会生存能力，具有极其重要的作用，需要持续开展、深入推进。课堂实践教学活动能够发挥学生的主体地位，为学生提供增进交流、展现自我的舞台，贴合了青年学生的性格特点和成长规律，有利于促进学生的自我认知和自我成长，激发学生学习的积极性，是思想政治理论课实践教学的重要方法，需要高度重视、广泛应用。值得注意的是，表示对以网络为平台开展的实践教学活动很感兴趣和比较感兴趣的学生，人数比例高达93.70%，说明运用网络开展实践教学符合当代年轻人依赖于电子产品和网络的生活方式以及爱玩网络、手机的行为习惯，形式新颖，互动有趣，是思想政治理论课实践教学方法的一个新领域和新的发展方向。

4. 实践教学的工作机制

关于哪种工作机制比较合理，有57.03%的教师选择了建立马院（思政部）与教务管理、学生管理、团委、二级学院等多部门共同参与、协作配合的大协同工作机制，42.97%的教师选择了赋予马院（思政部）独立开展实践教学的自主权，落实好经费、条件、环境保障，尽可能减少其他部门的参与与干预。对于当前实践教学工作机制存在的问题，有66.92%的教师认为思想政治理论课实践教学存在与学生管理部门、团委、二级学院在学生思想政治教育职能上有交叉，边界不清晰，容易出现多头管理的问题，有64.64%的教师认为实践教学工作机制不健全，缺乏与学生管理部门、团委、二级学院等的联动与协同机制，实践教学开展起来互相牵制，实施有困难，有54.37%的教师认为实践教学存在与学生管理部门、团委、二级学院等部门组织的学生活动在主题、内容、形式上交叉重叠的现象，另有54.75%的教师认为当前的实践教学管理制度不够健全和完善。这组数据表明，工作机制不合理、不健全的问题依然是职业院校思想政治理论课实践教学存在的重要问题，职业院校仍然存在思想政治理论课与思想政治教育协调不力、"两张皮"的现象，要解决这一问题，就要树立大思政的工作格局，用全员育人的工作目标把各部门的力量整合起来，建立各部门协同合作的思想政治理论课实践教学工作机制，共同推进思想政治理论课实践教学的顺利开展

（四）思想政治理论课实践教学的环境建设

1. 开展实践教学的有效环境

在实践教学的有效环境的问题调查中，86.31%的教师和71.89%的学生选择了校外爱国主义、人文素质等思想政治理论课实践教学基地，74.14%的教师和74.50%的学生选择了校内思想政治理论课实践教学基地，50.95%的教师和48.38%的学生选择了课堂，50.95%的教师和48.63%的学生选择了校园，32.32%的教师和34.58%的学生选择了专业课实习实训基地，30.80%的教师和25.58%的学生选

择了行业企业、机关事业单位，23.95%的教师和15.92%的学生选择了其他社会组织。在有没有必要建设校内多功能思想政治理论课实践教学实验实训室的问题上，43.37%和44.28%的学生分别选择了非常必要和有必要，对建设校内多功能思想政治理论课实践教学基地认可的人数比例接近90%。这组数据表明，社会环境和资源是开展思想政治理论课实践教学的重要途径，充分利用好现有的爱国主义教育资源和人文素质教育资源是职业院校实践教学的基本方针。校内多功能思想政治理论课实践教学基地是实践教学的重要场所，要着力加强校内多功能实践教学基地建设，科学规划，合理利用。校园第二课堂活动是实践教学的重要方式和载体，要利用好校园第二课堂，不断创新内容和形式。课堂实践教学是实践教学的基本方式，要广泛运用课堂实践教学方法开展实践教学。推动行业企业、机关单位、社会组织参与学校实践教学、共建实践教学资源依然是思想政治理论课实践教学的弱项，需要继续探索和突破。

2. 实践教学环境的优化

在理想的思想政治理论课实践教学模式的调查中，52.85%的教师选择了学生—学校—社会—家庭联动模式，41.45%的教师选择了学生—学校—社会联动模式，4.18%的教师选择了学生—学校联动模式，另有1.52%的教师选择了学生—学校—家庭联动模式。这组数据表明，思想政治理论课实践教学是一项复杂的社会化活动。实践教学涉及的空间范围广，从学校到社会；要求的教学资源多，课堂资源、校园资源、行业企业资源、广泛的社会资源等；参与的人员多，如教师、学生、行业企业人员、社会组织人员、家庭成员等。因此，思想政治理论课实践教学的开展有赖于除学校以外全社会的共同支持和各要素的积极参与，一起为学生提供实践教学的环境、场所、人员和条件，构建全社会、全员协同育人的思想政治理论课实践教学环境是全社会共同的责任和义务。

（五）思想政治理论课实践教学的评价方式

数据显示，在项目考核为主、过程考核为辅，过程考核为主、项目考核为辅，项目考核和过程考核四个选项中，赞同项目考核为主、过程考核为辅模式的师生人数比例最高，分别为41.44%和30.97%。赞同过程考核为主、项目考核为辅模式的师生人数比例居次，分别为42.21%和25.62%。最后是项目考核模式（7.60%和24.21%）和过程考核模式（8.37%和17.29%）。这组数据表明，思想政治理论课实践教学考核评价是一个较为复杂的问题，复杂的原因在于人的能力的形成是一个长期复杂的过程，并且是建立在实践积累上的结果。因此，作为一种以能力培养为目标的教学方式，对其进行考核评价不能采取单一的结果性评价，而应采取全面的综合性评价，要把教学活动的结果和教学活动的过程统一起来，既要考核学生完成项目活动的最终表现，又要考核学生在参与活动的过程中对活动过程的把控能力，才能得出对实践教学结果的科学结论。

(六) 加强和改进思想政治理论课实践教学的策略

1. 加强和改进实践教学的必要性

在"是否应当加强思想政治理论课实践教学环节"的问题调查中,超过88%的学生认为需要加强。这个数据一方面反映出实践教学在发挥思想政治理论课课程育人的作用方面具有显著的效果和优势,另一方面也表明加强和改进思想政治理论课实践教学是职业院校思想政治理论课面临的重要挑战和需要承担的重要任务。

2. 加强和改进实践教学的对策

要加强和改进思想政治理论课实践教学的质量和效果,必须要针对职业院校思想政治理论课实践教学存在的问题,对症下药,才能有所成效。在"实践教学面临的困难和问题"这一问题的调查中,73.76%的教师和57.26%的学生选择了学生数量多、组织管理难度大,61.60%的教师和62.44%的学生选择了实践教学形式缺乏吸引力,56.65%的教师和42.04%的学生选择了学校实践教学经费投入不足,42.97%的教师和32.92%的学生选择了校内实践教学环境和条件不够好,45.25%的教师和32.67%的学生选择了社会提供的实践环境和条件不足,10.27%的教师和15.22%的学生选择了思想政治理论课教师素质低。另有49.81%的教师选择了校内外各部门协同合作存在困难,有30.04%的教师选择了学校不重视。在"加强和改进实践教学的对策"这一问题的调查中,76.43%的教师和62.11%的学生选择了加大经费投入,多建设校内、校外实践教学基地,70.34%

的教师和72.97%的学生选择了积极组织学生开展社会调研和社会实践，知行统一，巩固教学成果，63.88%的教师和57.50%的学生选择了组织开展各种主题的实践活动，51.71%的教师和46.64%的学生选择了运用新媒体技术开拓网络实践教学新空间，45.63%的教师和36.53%的学生选择了充分发挥课堂实践的主动性，另有69.58%的教师选择了加强师资队伍建设，71.10%的教师选择了完善教学、师资评价机制。这组数据表明，影响和制约思想政治理论课实践教学的因素主要表现为主观、客观两个方面。从主观方面来讲，学校对实践教学的重视程度是决定实践教学建设的关键因素。学校对实践教学经费投入的力度大小、学校对实践教学的宏观政策等，都直接决定和制约了实践教学的组织和落实。而思想政治理论课教师的素质则是决定实践教学质量的重要因素。教师素质高，教学能力强，实践教学的质量就好；教师素质低，教学能力差，实践教学的质量就低。从客观方面来讲，教学环境、教学方法、教学工作机制是影响和制约实践教学开展和教学质量提升的直接因素。教学环境不足、条件不优越，直接制约实践教学活动的开展；教学方法不新颖、缺乏针对性，直接影响实践教学的效果；教学工作机制不健全、不合理，直接影响实践教学的组织开展。因此，加强和改进思想政治理论课实践教学必须要从加大对实践教学资金投入、加强实践教学环境建设、优化实践教学环境资源、改进实践教学方法、创新实践教学手段、健全实践教学工作机制、优化和强化师资队伍建设等方面入手。

三、问卷调查的基本结论

1. 从整体情况看,职业院校在实践教学上思路清晰,重视程度高

当前我国职业院校对思想政治理论课实践教学的认知发生了重要变化,能够充分认识实践教学在思想政治理论课中的重要地位,明确树立"实践教学与理论教学同等重要"的教育教学理念,积极推进实践教学建设,深入挖掘实践教学在实践育人、立德树人方面的重要作用。在推进实践教学的工作过程中,职业院校能够深入贯彻习近平总书记在全国高校思想政治工作会议和在学校思想政治理论课教师座谈会上的讲话精神,认真落实《中共中央关于加强和改进新形势下高校思想政治工作的意见》的基本要求,严格执行教育部颁发的《新时代高校思想政治理论课教学工作基本要求》的相关规定,从课程设置、学时学分设定、教学组织和安排、教学检查和监督、课程考核等方面对实践教学进行规范管理,基本做到了实践教学纳入教学计划、实践教学有学时学分保障、实践教学覆盖全部课程和全体学生,并从领导体制、工作机制、经费保障、实践基地建设等方面,建立了实践教学保障体制和长效机制,保证了实践教学的教育教学效果,推动了实践教学高质量发展。

2. 从实践教学的具体开展看,职业院校实践教学在强化管理、认真组织实施的基础上还存在一定的问题

第一,绝大部分职业院校在思想政治理论课课程体系中均实施了实践教学,部分学校还专门开设了综合性、独立设

置的思想政治理论课实践课程，实践教学覆盖课程范围广，内容丰富，针对性强。实践教学的学时、学分也都能按教育部文件要求加以落实，学时、学分设置比较合理。大部分职业院校都能将实践教学纳入教学计划并核定课时，给予开展思想政治理论课实践教学的教师相应课酬，同时给予开展实践教学活动一定程度的经费支持。但也有部分学校未能按教育部要求落实学时、学分，对实践教学的实施支持力度不够，在教师的课酬及开展实践活动的经费投入上存在较大的空缺，在实践教学的管理上表现出一定的随意性。

第二，在实践教学内容和形式上，绝大部分职业院校都开展了内容丰富、形式多样的实践教学活动，积极探索多媒体技术和网络信息技术的推广应用，不断创新实践教学的方式方法，努力探索符合学校实际、彰显学校特色的实践教学品牌，取得了丰富的实践教学成果，产生了良好的教育教学效果。但仍有部分学校存在实践教学内容单一、形式刻板、缺乏吸引力、教学效果不佳等情况。

第三，实践教学工作机制不健全、不完善问题比较突出，思想政治理论课与思想政治教育"两张皮"现象依然存在且具有普遍性，思想政治理论课实践教学在组织落实上还存在比较大的困难。主要表现在思想政治理论课教学管理部门与思想政治教育工作部门如学生管理部门、团委以及二级学院之间缺乏联动与协同机制，思想政治理论课实践教学或得不到相应的支持，或双方在教育内容、教育形式上出现重复、重叠等现象；思想政治理论课和思想政治教育各自为政的情况比较严重，还没有构建起协作配合、共同参与、共同促进的协同育人工作机制，没有充分有效地发挥大思政育人体系的作用。

第四，当前职业院校师生普遍认识到校内多功能思想政治理论课实践教学基地对于开展实践教学的意义和作用，许多职业院校也开始高度重视校内多功能思想政治理论课实践教学基地建设，并在实践教学基地建设上进行了良好的探索，很多先进的教育教学设施，如多媒体视听技术、网络信息技术、虚拟现实技术等都被用在了思想政治理论课实践教学基地当中，极大地推动了实践教学的新技术应用，提升了思想政治理论课实践教学的质量和效果。在加强实践教学环境建设，不断优化实践教学环境方面，职业院校的思想观念也发生了重大改变。越来越多的学校认识到，积极引入社会资源开展实践教学，发挥行业企业、社会组织的力量共同开展实践教学，具有十分重要的意义。因此，加大校外思想政治理论课实践教学基地建设，推动与行业企业共建思想政治理论课实践教学基地，构建学校—企业—社会—家庭一体化的实践教学环境，推动学校—企业—社会—家庭协同合作开展思想政治理论课实践教学，是推进思想政治理论课实践教学，提升思想政治理论课实践教学质量的重要途径。

四、意见和建议

1. 用习近平讲话精神引领实践教学建设

习近平总书记指出，思想政治理论课是落实立德树人根本任务的关键课程。① 加强和改进职业院校思想政治理论课实践教学，必须要深刻领会和把握立德树人根本任务的内涵和精髓，构建以立德树人为根本目标的实践教学目标体系，把培养社会主义建设者和接班人作为实践教学的根本目标任务。要构建"使各类课程与思想政治理论课同向同行，形成协同效应"②的大思政观，充分发挥各门课程在思想政治教育中的作用，使每门课程都"守好一段渠、种好责任田"。要以"开展马克思主义理论教育，用新时代中国特色社会主义思想铸魂育人，引导学生增强中国特色社会主义道路自信、理论自信、制度自信、文化自信，厚植爱国主义情怀"③，构建实践教学内容体系，从坚定理想信念、厚植爱国主义情怀、加强品德修养、培养奋斗精神等方面，发掘实践教学素材，组织实践教学内容，设计实践活动方案。要建立家庭、学校、社会"三位一体"的实践教学协同育人机制，激励各方共同参与实践教学建设，形成以政府引领、学校主导、民间参与为基本格局的全党、全社会关心支持思想政治理论课的氛围。

2. 大力推进思想政治理论课实践教学标准化建设

纵观我国职业院校实践教学，缺乏标准化建设是诸多问题产生的重要原因。加强和改进实践教学的根本途径就是要

---

① 习近平. 思政课是落实立德树人根本任务的关键课程［J］. 求是，2020（17）：4.

② 习近平. 把思想政治工作贯穿教育教学全过程 开创我国高等教育事业发展新局面［N］. 人民日报，2016－12－09（1）.

③ 习近平. 思政课是落实立德树人根本任务的关键课程［J］. 求是，2020（17）：7.

从顶层设计的高度制定实践教学的相关制度并将其具体化为工作标准，即"思想政治理论课实践教学工作标准"。工作标准的主要评价指标应该包含以下内容：①领导体制。衡量标准为是否建立了学校党委直接领导、分管校领导具体负责的领导机构和机制。②工作机制。衡量标准为是否建立了由学校统筹协调、教学管理部门和学生管理部门共同参与的协同育人工作机制。③教学管理。衡量标准为实践教学学时和学分是否符合《高等学校思想政治理论课建设标准》；教学大纲是否完备；教学内容与思想政治理论课程是否衔接；授课计划、活动方案是否符合教学活动的基本规律和要求；考评标准是否科学；保障机制是否完善。基于思想政治理论课理实一体、知行统一的课程特点，本书不主张将实践教学作为一门课程单列的观点和做法。④师资保障。衡量标准为是否有与实践教学相适应的数量充足的教师，教师的工作能力和资质是否达到教学需要的条件和要求，教师的实践教学课酬是否纳入绩效考核体系。⑤环境建设。衡量标准为是否建立了能够满足实践教学需要的校内（外）实践教学基地（含行业企业实践教学基地），教学基地的活动开展和利用率是否达到合理的数量标准。⑥经费保障。衡量标准为学校是否有用于思想政治理论课实践教学的专项经费。

3. 加大实践教学与行业企业的融合力度

职业教育的特点决定了与行业企业深度融合是职业院校思想政治理论课实践教学的必由之路。要充分挖掘思想政治理论课在思想引领、价值输出、文化培育方面的功能优势，以实践教学为桥梁，实现思想政治理论课实践教学与行业企业的深度融合。一是要建立校企融合开展实践教学的相关机制,通过校企合作的方式共同研制教学大纲,把行业企业文化教育、行业企业法律法规教育、行业企业安全意识教育与思想政治理论课教学内容融通起来。二是在企业建立思想政治理论课实践教学基地,充分发挥企业环境、条件、人员优势,为实践教学提供便利和条件。三是聘用行业企业专家担任实践指导教师,为学生实践活动提供指导。四是与行业企业共同举办以思想政治理论课教育内容为主题的讲座、论坛、文化活动,通过行业企业人员与学生面对面对话交流,把行业企业的思想文化、价值理念贯穿到学校教育当中。

4. 建立健全"思想政治理论课"与"思想政治工作"、"思想政治理论课程"与"课程思政"协同育人机制

习近平总书记在全国职业院校思想政治工作会议上强调,做好职业院校思想政治工作,要遵循思想政治工作、教书育人和学生成长三大规律,用好思想政治理论课课堂教学主渠道,使各课程与思想政治理论课同向同行,形成协同效应。这就要求学校必须解决好思想政治理论课与思想政治工作协同育人、思想政治理论课程与课程思政协同育人两大问题。解决思想政治理论课与思想政治工作协同育人问题的关键,是要通过建立和完善其领导体制和工作机制,从根本上解决教学管理与学生管理两条线带来的工作阻滞。具体来讲,一是要建立学校层面的统筹协调机构,如学校层面的学生思想政治教育工作领导小组;二是要建立协同育人专项工作机制,如定期的学校党建和学生思想政治工作会议制度,不定期的教学部门与学生部门多部门共同参加的专题研讨会、工作协调会制度;三是要建立思想政治理论课教师与辅导员互通机制,鼓励辅导员兼任思想政治理论课教师、思想政治理论课教师担任辅导员。解决思想政治理论课程与课程思政协同育人问题的关键，是要找准思想政治理论课程与课程思政各自的着力点。思想政治理论课程的"思政"要侧重于理论的宣传灌输，"主要进行系统的思想政治理论教育"；课程思政的"思政"要侧重于价值引领，"强调在各类各门课程（包括思想政治理论课、专业课和通识课）中增强政治意识和加强思想价值引领"。① 但同时，双方又要做到"四个"统一，避免"两化"，同向同行，形成合力。"四个"统一，即思想基础统一，必须坚持马克思主义的指导思想；价值导向统一，必须坚持以社会主义核心价值观的价值目标作为人才培养的价值导向；育人目标统一，必须坚持以培养中国特色社会主义事业的建设者和接班人为共同目标；育人功能统一，必须坚持思想政治理论课为专业课提供思想指导和价值指引，专业课为思想政治理论课提供教育素材和实践依据。"两化"，即专业课程思政化和思想政治理论课程通识化。所谓专业课程思政化，是指在专业课程教学中盲目僵化地片面强调思想政治教育的意识形态功能，忽视或违背专业教育的规律和特点的教育教学倾向；所谓思想政治理论课程通识化，是指在思想政治理论课程教学中片面强调或扩大通识性知识和内容的教育，淡化和削弱思想政治理论课意识形态功能的教育教学倾向。

5. 构建新型实践教学环境

实践教学环境建设是一个系统工程，需要从参与主体、

---

① 石书臣. 正确把握"课程思政"与思政课程的关系 [J]. 思想理论教育，2018（11）：57.

资金供给、场域建设、条件改善、新技术应用等多方面共同开展。一是要构建学校—社会—家庭共同参与的宏观思想政治理论课实践育人环境。纵观人的成长过程,家庭、学校和社会都承担了重要的育人功能,脱离了任何一个环节的培养教育,人都无法健康地成长成才。因此,要在全社会倡导全员育人的教育理念,创建学校、家庭、社会共同参与的思想政治理论课实践教学氛围,凝聚社会力量为实践教学提供资金、环境、条件及人员支持。二是要加大对校外思想政治理论课实践教学资源的利用。要充分发掘纪念馆、烈士陵园、党史纪念馆等爱国主义教育资源和博物馆、美术馆、祠堂等文化教育资源在开展爱国主义教育和人文素质教育方面的资源优势。要深入挖掘行业企业、现代产业实践教学环境资源,通过校企合作的方式,通过企业文化入校园或大学生企业实践锻炼等形式,发挥企业在思想政治理论课实践教学中的积极作用。要搭建学校与国家机关、政府部门合作的平台,通过政府、人大、法院等国家机关为学生提供实习、志愿服务等方式,通过设立公众开放日等形式,让学生走进国家权力机关内部深入了解我国民主政治运行方式,强化学生的民主政治意识和法治意识。三是要重视校内思想政治理论课实践教学基地建设。思想政治理论课教学活动的主阵地在课堂,思想政治理论课实践教学很大程度上需要在校内和课堂开展。与校外实践教学基地相比,校内实践教学基地有诸多优势,如活动开展便利、利用率高、组织难度小、学生规模不受限制、活动成本低,等等。校内思想政治理论课实践教学基地可以按照功能区进行规划建设,如理论教学区、展示展览区、活动体验区、互动交流区等。加强校内实践教学基地建设具有事半功倍的效用。四是要推动现代网络信息技术、多媒体技术、虚拟现实技术在实践教学中的应用。当前，运用网络和数字多媒体进行信息传播已经成为现代人的一种生活方式。而虚拟现实技术更是能够有效地实现实践教学所需要的人物故事、历史事件的还原，增进学生学习的代入感和体验感。现代技术手段能够突破时空限制实现时空跨越、人人实时交互、人机实时交互，具有传统教学手段无可比拟的优势，运用现代技术手段开展实践教学不仅是必须的，更是必然的。

附录2:"职业院校思想政治理论课实践教学研究"调查问卷(学生卷)及统计结果

一、调查问卷

第一部分:个人基本信息

1. 您的性别(　　)
   A. 男　　　　　　　B. 女
2. 您的年龄(　　)
   A. 18岁以下　B. 18~25岁　　C. 25岁以上
3. 您的年级(　　)
   A. 一年级　　　　　B. 二年级
   C. 三年级　　　　　D. 四年级
4. 您所在的学校(　　)
   A. 三年制高职　　　B. 三年制大专
   C. 普通本科院校　　D. 独立本科院校
5. 您的学制(　　)
   A. 三年制高职　　　　　　　　　B. 三年制大专
   C. 普通本科院校三年制大专　　　D. 四年制本科
6. 您学校所在区域(　　)
   A. 华北　　　　B. 东北　　　　C. 西北

D. 西南　　　E. 华中　　　F. 华东

G. 华南

7. 您的专业（　　）

A. 文科　　　B. 理科　　　C. 工科

D. 医科　　　E. 其他

8. 您的政治面貌（　　）

A. 中共党员（含预备党员）　　B. 民主党派

C. 群众

第二部分：问卷调查

1. 您认为以下哪种思想政治理论课教学模式比较合理有效？（　　）

A. 理论教学为主，实践教学为辅

B. 实践教学为主，理论教学为辅

C. 理论教学与实践教学相结合

D. 纯理论的教学模式

E. 纯实践的教学模式

2. 您认为思想政治理论课实践教学是指？（　　）

A. 围绕思想政治理论课教学开展的一切活动

B. 与理论教学相对的课外实践活动

C. 与理论教学相对的课内外实践活动

D. 专指社会实践活动

3. 您如何看待实践教学在思想政治理论课教学中的作用和地位？（　　）

A. 对开展思想政治理论课教学作用极其显著、极为重要

B. 对开展思想政治理论课教学作用明显、比较重要

附录2："职业院校思想政治理论课实践教学研究"调查问卷（学生卷）及统计结果

　　C. 对开展思想政治理论课教学有作用、重要

　　D. 对开展思想政治理论课教学没有作用、不重要

4. 您的学校就哪些课程实施了实践教学？（　　）（多选题）

　　A. "思想道德修养与法律基础"

　　B. "毛泽东思想和中国特色社会主义理论体系概论"

　　C. "形势与政策"

　　D. 学校开设的独立设置的思想政治理论课实践课程

5. 您认为当前思想政治课课程的学时（学分）是否合理？（　　）

　　A. 比较合理

　　B. 太少，应适当增加

　　C. 太多，应适当减少

6. 通过思想政治理论课实践教学，您是否有所收获？（　　）

　　A. 收获很大

　　B. 还可以，有一定效果

　　C. 基本没有，持怀疑态度

　　D. 没有任何收获，浪费时间

7. 您认为思想政治理论课实践教学应以（　　）

　　A. 学生为主体　　　　B. 教师为主体

　　C. 教师主导，学生参与　　D. 学生主导，教师参与

8. 目前您所在学校的思想政治理论课实践教学内容主要有哪些主题？（　　）（多选题）

　　A. 爱国主义教育　　　　B. 理想信念教育

　　C. 道德教育　　　　　　D. 法律教育

E. 习近平新时代中国特色社会主义思想学习宣贯活动
F. 改革创新实践活动
G. 历史文化教育
H. 时事政策教育
I. 生态环保实践活动
J. 其他实践活动（可补充_____）

9. 您最喜爱的思想政治理论课实践教学方法有哪些？（　　）（多选题）
A. 学校组织的各种参观考察和社会活动
B. 学生自行参与的假期社会实践或者社会调查活动
C. 校外思想政治理论课实践教学基地活动
D. 校内思想政治理论课实验实训室（或实践教学基地）活动
E. 任课教师组织的课堂专题讲座、案例点评、材料分析等活动
F. 由学生自行参与的课堂讨论、辩论、演讲等活动
G. 学校组织开展的专题讲座、主题教育活动
H. 校园文艺文化活动
I. 以网络为媒介开展的实践活动
J. 依托专业课开展的思想政治理论课实践教学
K. 以学生社团为引领，带动学生参与的各种实践活动
L. 校园广播、报纸、板报等

10. 对于思想政治理论课开展的社会考察、社会调研等形式的实践教学，您的态度是？（　　）
A. 很满意，有助于理解专业知识，扩大知识面，开阔

视野

　　B. 比较满意，虽然理论和实践有差距，但有助于接触社会，积累经验

　　C. 不满意，活动流于形式，走马观花

　　D. 不感兴趣，无所谓

　11. 对于以网络为平台开展的互动式实践教学活动，您的态度是？（　　）

　　A. 形式新颖，互动有趣，符合年轻人爱玩网络、手机的行为特点，很感兴趣

　　B. 比传统形式新颖，比较感兴趣

　　C. 没有意思，不感兴趣

　　D. 完全反感，多此一举

　12. 您对在学校开展的公益活动、社团活动、文体活动、德育主题活动等思想政治理论课实践教学活动感受如何？（　　）

　　A. 次数很多，形式丰富，能够充分调动学生热情

　　B. 次数较多，但吸引力不够

　　C. 次数较少，没什么影响

　　D. 基本不参与，无所谓

　13. 您对思想政治理论课教师在课堂上组织的以学生为主体进行的讨论、辩论、比赛、角色扮演等实践教学活动感受如何？（　　）（多选题）

　　A. 很感兴趣，可以增进同学间的信息互动与交流

　　B. 可以学习每位同学的优点，认识自己的不足

　　C. 能够给自己提供一个展示自我的舞台，锻炼口才

　　D. 不感兴趣

E. 非常厌恶

14. 您认为学校与校外社会组织共建的爱国主义教育基地、人文素质教育基地等思想政治理论课实践教学基地发挥的作用如何？（　　）

A. 作用显著，非常有效

B. 有作用，但效果一般

C. 流于形式，几乎没什么作用

15. 您认为有没有必要建设校内多功能思想政治理论课实践教学实验实训室（或实践教学基地）？（　　）

A. 非常必要　　　　B. 有必要

C. 没有太大必要　　D. 无所谓

16. 您认为以下哪种实践环境对思想政治理论课实践教学有显著效果？（　　）（多选题）

A. 校内思想政治理论课实践教学实验实训室（或实践教学基地）

B. 校外爱国主义、人文素质等思想政治理论课实践教学基地

C. 课堂　　D. 校园　　E. 专业课实习实训基地

F. 行业企业、机关事业单位　　G. 其他社会组织

17. 您认为目前是否应当加强思想政治理论课实践教学环节？（　　）

A. 需要大力加强　　　B. 需要加强

C. 没有太大必要　　　D. 无所谓

18. 您认为制约思想政治理论课实践教学开展的主要原因是什么？（　　）（多选题）

A. 学校经费投入不足

B. 实践教学形式缺乏吸引力

C. 学生数量多，组织管理难度较大

D. 思想政治理论课教师素质低

E. 校内实践教学环境和条件不够好

F. 社会提供的实践环境和条件不足

19. 您认为评价思想政治理论课实践教学效果应该采用哪种模式？（　　）

　　A. 项目考核模式　　B. 过程考核模式

　　C. 项目考核为主，过程考核为辅模式

　　D. 过程考核为主，项目考核为辅模式

　　E. 其他_____

20. 针对高校当前思想政治理论课实践教学的现状，为提高思想政治理论课教学质量，推进实践教学体系改革，您认为应当（　　）（多选题）

　　A. 加大资金投入，多建校内、校外实践教学基地

　　B. 积极组织学生开展社会实践和社会调研，知行统一，巩固教学成果

　　C. 组织开展各种主题的实践活动

　　D. 运用新媒体技术开拓网络实践教学新空间

　　E. 充分发挥课堂实践的主动性

　　F. 其他

21. 您对改进思想政治理论课实践教学有什么其他建议？（填空题）

二、统计结果

第一部分：个人基本信息

1. 您的性别（　　　）

选项	小计	比例（%）
A. 男	1260	52.24
B. 女	1152	47.76
本题有效填写人次	2412	

2. 您的年龄（　　　）

选项	小计	比例（%）
A. 18岁以下	71	2.94
B. 18～25岁	2328	96.52
C. 25岁以上	13	0.54
本题有效填写人次	2412	

3. 您的年级（　　　）

选项	小计	比例（%）
A. 一年级	1386	57.46
B. 二年级	960	39.81
C. 三年级	56	2.32

续上表

选项	小计	比例（%）
D. 四年级	10	0.41
本题有效填写人次	2412	

4. 您所在的学校（   ）

选项	小计	比例（%）
A. 三年制高职	149	6.18
B. 三年制大专	2028	84.08
C. 普通本科院校	209	8.66
D. 独立本科院校	26	1.08
本题有效填写人次	2412	

5. 您的学制（   ）

选项	小计	比例（%）
A. 三年制高职	144	5.97
B. 三年制大专	2029	84.12
C. 普通本科院校三年制大专	16	0.66
D. 四年制本科	223	9.25
本题有效填写人次	2412	

6. 您学校所在区域（   ）

选项	小计	比例（%）
A. 华北	145	6.01
B. 东北	32	1.33
C. 西北	217	9.00
D. 西南	290	12.02
E. 华中	167	6.92
F. 华东	303	12.56
G. 华南	1258	52.16
本题有效填写人次	2412	

7. 您的专业（   ）

选项	小计	比例（%）
A. 文科	550	22.80
B. 理科	637	26.41
C. 工科	484	20.07
D. 医科	151	6.26
E. 其他	590	24.46
本题有效填写人次	2412	

8. 您的政治面貌（　　　）

选项	小计	比例（%）
A. 中共党员（含预备党员）	309	12.81
B. 民主党派	70	2.90
C. 群众	2033	84.29
本题有效填写人次	2412	

第二部分：问卷调查

1. 您认为以下哪种思想政治理论课教学模式比较合理有效？（　　　）

选项	小计	比例（%）
A. 理论教学为主，实践教学为辅	607	25.17
B. 实践教学为主，理论教学为辅	679	28.15
C. 理论教学与实践教学相结合	1077	44.65
D. 纯理论的教学模式	36	1.49
E. 纯实践的教学模式	13	0.54
本题有效填写人次	2412	

2. 您认为思想政治理论课实践教学是指？（   ）

选项	小计	比例（%）
A. 围绕思想政治理论课教学开展的一切活动	1407	58.33
B. 与理论教学相对的课外实践活动	429	17.79
C. 与理论教学相对的课内外实践活动	517	21.43
D. 专指社会实践活动	59	2.45
本题有效填写人次	2412	

3. 您如何看待实践教学在思想政治理论课教学中的作用和地位？（   ）

选项	小计	比例（%）
A. 对开展思想政治理论课教学作用极其显著、极为重要	1319	54.68
B. 对开展思想政治理论课教学作用明显、比较重要	780	32.34

续上表

选项	小计	比例（%）
C. 对开展思想政治理论课教学有作用、重要	280	11.61
D. 对开展思想政治理论课教学没有作用、不重要	33	1.37
本题有效填写人次	2412	

4. 您的学校就哪些课程实施了实践教学？（　　　）（多选题）

选项	小计	比例（%）
A. "思想道德修养与法律基础"	2023	83.87
B. "毛泽东思想和中国特色社会主义理论体系概论"	1894	78.52
C. "形势与政策"	1890	78.36
D. 学校开设的独立设置的思想政治理论课实践课程	609	25.25
本题有效填写人次	2412	

5. 您认为当前思想政治课课程的学时（学分）是否合理？（　　）

选项	小计	比例（%）
A. 比较合理	2015	83.54
B. 太少，应适当增加	284	11.78
C. 太多，应适当减少	113	4.68
本题有效填写人次	2412	

6. 通过思想政治理论课实践教学，您是否有所收获？（　　）

选项	小计	比例（%）
A. 收获很大	1047	43.40
B. 还可以，有一定效果	1253	51.95
C. 基本没有，持怀疑态度	80	3.32
D. 没有任何收获，浪费时间	32	1.33
本题有效填写人次	2412	

7. 您认为思想政治理论课实践教学应以（　　　）

选项	小计	比例（%）
A. 学生为主体	651	26.99
B. 教师为主体	120	4.97
C. 教师主导，学生参与	1164	48.26
D. 学生主导，教师参与	477	19.78
本题有效填写人次	2412	

8. 目前您所在学校的思想政治理论课实践教学内容主要有哪些主题？（　　　）（多选题）

选项	小计	比例（%）
A. 爱国主义教育	2181	90.42
B. 理想信念教育	1825	75.66
C. 道德教育	2034	84.33
D. 法律教育	1830	75.87
E. 习近平新时代中国特色社会主义思想学习宣贯活动	1827	75.75
F. 改革创新实践活动	1397	57.92
G. 历史文化教育	1238	51.33

续上表

选项	小计	比例（%）
H. 时事政策教育	1439	59.66
I. 生态环保实践活动	1051	43.57
J. 其他实践活动（可补充_____）	297	12.31
本题有效填写人次	2412	

9. 您最喜爱的思想政治理论课实践教学方法有哪些？（　　）（多选题）

选项	小计	比例（%）
A. 学校组织的各种参观考察和社会活动	1823	75.58
B. 学生自行参与的假期社会实践或者社会调查活动	1579	65.46
C. 校外思想政治理论课实践教学基地活动	1362	56.47
D. 校内思想政治理论课实验实训室（或实践教学基地）活动	1245	51.62

续上表

选项	小计	比例（%）
E. 任课教师组织的课堂专题讲座、案例点评、材料分析等活动	1144	47.43
F. 由学生自行参与的课堂讨论、辩论、演讲等活动	1116	46.27
G. 学校组织开展的专题讲座、主题教育活动	981	40.67
H. 校园文艺文化活动	1180	48.92
I. 以网络为媒介开展的实践活动	834	34.58
J. 依托专业课开展的思想政治理论课实践教学	716	29.68
K. 以学生社团为引领，带动学生参与的各种实践活动	918	38.06
L. 校园广播、报纸、板报等	885	36.69
本题有效填写人次	2412	

10. 对于思想政治理论课开展的社会考察、社会调研等形式的实践教学，您的态度是？（　　）

选项	小计	比例（%）
A. 很满意，有助于理解专业知识，扩大知识面，开阔视野	1156	47.93
B. 比较满意，虽然理论和实践有差距，但有助于接触社会，积累经验	1108	45.94
C. 不满意，活动流于形式，走马观花	109	4.52
D. 不感兴趣，无所谓	39	1.62
本题有效填写人次	2412	

11. 对于以网络为平台开展的互动式实践教学活动，您的态度是？（　　）

选项	小计	比例（%）
A. 形式新颖，互动有趣，符合年轻人爱玩网络、手机的行为特点，很感兴趣	1548	64.18

续上表

选项	小计	比例（%）
B. 比传统形式新颖，比较感兴趣	713	29.56
C. 没有意思，不感兴趣	110	4.56
D. 完全反感，多此一举	41	1.70
本题有效填写人次	2412	

12. 您对在学校开展的公益活动、社团活动、文体活动、德育主题活动等思想政治理论课实践教学活动感受如何？（　　　）

选项	小计	比例（%）
A. 次数很多，形式丰富，能够充分调动学生热情	1330	55.14
B. 次数较多，但吸引力不够	739	30.64
C. 次数较少，没什么影响	301	12.48
D. 基本不参与，无所谓	42	1.74
本题有效填写人次	2412	

13. 您对思想政治理论课教师在课堂上组织的以学生为主体进行的讨论、辩论、比赛、角色扮演等实践教学活动感受如何？（　　　）（多选题）

选项	小计	比例（%）
A. 很感兴趣，可以增进同学间的信息互动与交流	1514	62.77
B. 可以学习每位同学的优点，认识自己的不足	1425	59.08
C. 能够给自己提供一个展示自我的舞台，锻炼口才	1089	45.15
D. 不感兴趣	135	5.60
E. 非常厌恶	41	1.70
本题有效填写人次	2412	

14. 您认为学校与校外社会组织共建的爱国主义教育基地、人文素质教育基地等思想政治理论课实践教学基地发挥的作用如何？（　　　）

选项	小计	比例（%）
A. 作用显著，非常有效	1287	53.36

续上表

选项	小计	比例（%）
B. 有作用，但效果一般	1012	41.96
C. 流于形式，几乎没什么作用	113	4.68
本题有效填写人次	2412	

15. 您认为有没有必要建设校内多功能思想政治理论课实践教学实验实训室（或实践教学基地）？（　　　）

选项	小计	比例（%）
A. 非常必要	1046	43.37
B. 有必要	1068	44.28
C. 没有太大必要	240	9.95
D. 无所谓	58	2.40
本题有效填写人次	2412	

16. 您认为以下哪种实践环境对思想政治理论课实践教学有显著效果？（　　　）（多选题）

选项	小计	比例（%）
A. 校内思想政治理论课实践教学实验实训室（或实践教学基地）	1797	74.50

续上表

选项	小计	比例（%）
B. 校外爱国主义、人文素质等思想政治理论课实践教学基地	1734	71.89
C. 课堂	1167	48.38
D. 校园	1173	48.63
E. 专业课实习实训基地	834	34.58
F. 行业企业、机关事业单位	617	25.58
G. 其他社会组织	384	15.92
本题有效填写人次	2412	

17. 您认为目前是否应当加强思想政治理论课实践教学环节？（　　　）

选项	小计	比例（%）
A. 需要大力加强	907	37.6
B. 需要加强	1231	51.04
C. 没有太大必要	223	9.25
D. 无所谓	51	2.11
本题有效填写人次	2412	

18. 您认为制约思想政治理论课实践教学开展的主要原因是什么？（　　　）（多选题）

选项	小计	比例（%）
A. 学校经费投入不足	1014	42.04
B. 实践教学形式缺乏吸引力	1506	62.44
C. 学生数量多，组织管理难度较大	1381	57.26
D. 思想政治理论课教师素质低	367	15.22
E. 校内实践教学环境和条件不够好	794	32.92
F. 社会提供的实践环境和条件不足	788	32.67
本题有效填写人次	2412	

19. 您认为评价思想政治理论课实践教学效果应该采用哪种模式？（　　　）

选项	小计	比例（%）
A. 项目考核模式	584	24.21
B. 过程考核模式	417	17.29

续上表

选项	小计	比例（%）
C. 项目考核为主，过程考核为辅模式	747	30.97
D. 过程考核为主，项目考核为辅模式	618	25.62
E. 其他_____	46	1.91
本题有效填写人次	2412	

20. 针对高校当前思想政治理论课实践教学的现状，为提高思想政治理论课教学质量，推进实践教学体系改革，您认为应当（　　　）（多选题）

选项	小计	比例（%）
A. 加大资金投入，多建校内、校外实践教学基地	1498	62.11
B. 积极组织学生开展社会实践和社会调研，知行统一，巩固教学成果	1760	72.97
C. 组织开展各种主题的实践活动	1387	57.50

续上表

选项	小计	比例（%）
D. 运用新媒体技术开拓网络实践教学新空间	1125	46.64
E. 充分发挥课堂实践的主动性	881	36.53
F. 其他	56	2.32
本题有效填写人次	2412	

21. 您对改进思想政治理论课实践教学有什么其他建议？（填空题）

附录3:"职业院校思想政治理论课实践教学研究"调查问卷(教师卷)及统计结果

一、调查问卷

第一部分:个人基本信息

1. 您的性别(　　)
   A. 男　　　　　　　B. 女
2. 您的年龄(　　)
   A. 30岁以下　　　　B. 30～40岁
   C. 40～50岁　　　　D. 50岁以上
3. 您的学历(　　)
   A. 大学本科　　　　B. 硕士研究生
   C. 博士研究生　　　D. 其他
4. 您的学科背景(　　)
   A. 哲学　　　　　　B. 马克思主义理论
   C. 其他人文哲学社会科学学科
   D. 理工科
   E. 医科　　　　　　F. 其他
5. 您的职称(　　)
   A. 教授/研究员　　　B. 副教授/副研究员

附录3："职业院校思想政治理论课实践教学研究"调查问卷（教师卷）及统计结果

C. 讲师/助理研究员　D. 助教/研究实习员

E. 其他

6. 您任职的高校属于（　　）

A. 三年制高职　　　　B. 三年制大专

C. 普通本科院校　　　D. 独立本科院校

7. 您学校所在区域（　　）

A. 华北　　　B. 东北　　　　C. 西北

D. 西南　　　E. 华中　　　　F. 华东　　G. 华南

8. 您的政治面貌（　　）

A. 中共党员（含预备党员）

B. 民主党派　　　　C. 群众

9. 您目前从事的工作（　　）

A. 思想政治理论课教学　B. 公共基础课教学

C. 专业课教学　　　　　D. 学生管理

E. 团委　　　　　　　　F. 学校行政管理

第二部分：问卷调查

1. 您认为思想政治理论课教学应采用以下哪种模式？（　　）

A. 理论教学为主，实践教学为辅

B. 实践教学为主，理论教学为辅

C. 理论教学与实践教学相结合

D. 纯理论的教学模式

E. 纯实践的教学模式

2. 您认为思想政治理论课实践教学是指？（　　）

A. 围绕思想政治理论课教学开展的一切活动

B. 与理论教学相对的课外实践活动

C. 与理论教学相对的课内外实践活动

D. 专指社会实践活动

3. 您认为思想政治理论课实践教学的主体应该是？（　　）

　　A. 学生为主体　　　　B. 教师为主体
　　C. 教师主导，学生参与　D. 学生主导，教师参与

4. 您如何看待实践教学在思想政治理论课教学中的作用和地位？（　　）

　　A. 对开展思想政治理论课教学作用极其显著、极为重要

　　B. 对开展思想政治理论课教学作用明显、比较重要

　　C. 对开展思想政治理论课教学有作用、重要

　　D. 对开展思想政治理论课教学没有作用、不重要

5. 您所在的学校重视思想政治理论课实践教学吗？（　　）

　　A. 非常重视　　　　　B. 比较重视
　　C. 重视　　　　　　　D. 不重视

6. 您对教育部颁发的《高等学校思想政治理论课建设标准》和《新时代高校思想政治理论课教学工作基本要求》中规定的实践教学学分单列怎么看？（　　）

　　A. 有必要单列，单列有利于促进思想政治理论课实践教学的实施和开展

　　B. 没必要单列，思想政治理论课本来就是理实一体化课程，不宜将理论部分和实践部分分开

　　C. 单不单列无所谓，对思想政治理论课教学没有显著影响

7. 您所在的学校思想政治理论课实践教学是如何设置的？（   ）

A. 依课程分别开展实践教学，实践教学学分单列

B. 依课程分别开展实践教学，实践教学学分不单列

C. 把思想政治理论课的实践教学统一起来，设置为一门独立课程，实行教学计划、课时、学分单列

D. 不清楚

8. 您所在的学校将思想政治理论课实践教学纳入教学计划并核定课时吗？（   ）

A. 纳入教学计划并核定课时

B. 纳入教学计划但没有核定课时

C. 没有纳入教学计划也不核定课时

D. 不清楚

9. 您所在的学校给予思想政治理论课教师实践教学课酬吗？（   ）

A. 与理论课同等课酬标准给予课酬

B. 以高于理论课的课酬标准给予课酬

C. 以低于理论课的课酬标准给予课酬

D. 不给课酬

10. 您所在的学校有专门的思想政治理论课实践教学活动经费吗？（   ）

A. 有　　　　　B. 没有　　　　　C. 不清楚

11. 您所在的学校开展的思想政治理论课实践教学主题主要有哪些？（   ）（多选题）

A. 爱国主义教育、理想信念教育、道德教育、法律教育

B. 马克思主义理论学习实践活动、毛泽东思想和中国特色社会主义理论学习实践活动、习近平新时代中国特色社会主义思想学习宣贯活动

C. 改革创新、历史文化、时事政治、生态环保

D. 其他教育实践活动（可补充_____）

12. 您所在的学校采用最多的思想政治理论课实践教学具体方法有？（   ）（多选题）

A. 学校资助的各种参观考察和社会调查等

B. 学生自行参与的假期社会实践或者社会调查活动

C. 学校建立的校外思想政治教育理论课实践教学基地活动

D. 主题网站建设或者网络互动平台的网络实践活动

E. 以学生社团为引领，带动学生参与各种校内外实践活动

F. 演讲比赛　　　　G. 辩论比赛

H. 课堂讨论　　　　I. 其他

13. 您认为哪种类型的思想政治理论课实践教学最为有效和可行？（   ）（多选题）

A. 课堂实践活动

B. 校园第二课堂实践活动

C. 校内思想政治理论课实验实训室（或实践教学基地）活动

D. 校外社会实践活动

E. 网络实践教学活动

F. 依托专业课开展的思想政治理论课实践教学

附录3:"职业院校思想政治理论课实践教学研究"调查问卷(教师卷)及统计结果

G. 其他(可补充_____)

14. 您认为当前思想政治理论课实践教学工作机制中存在的主要问题有哪些?(　　)(多选题)

A. 与学生管理部门、团委、二级学院在学生思想政治教育职能上有交叉,边界不清晰,容易出现多头管理

B. 工作机制不健全,缺乏与学生管理部门、团委、二级学院等的联动与协同机制,实践教学开展起来互相牵制,实施有困难

C. 与学生管理部门、团委、二级学院等部门组织的学生活动在主题、内容、形式上有交叉和重叠

D. 实践教学管理制度不健全、不完善

15. 您认为以下哪种思想政治理论课实践教学的工作机制比较合理?(　　)

A. 赋予马院(思政部)独立开展实践教学的自主权,落实好经费、条件、环境保障,尽可能减少其他部门的参与与干预

B. 建立马院(思政部)与教务管理、学生管理、团委、二级学院等多部门共同参与、协作配合的大协同工作机制,共同促进思想政治理论课实践教学的开展

16. 您认为有没有必要建设专门的思想政治理论课实践教学实验实训室(或实践教学基地)?(　　)

A. 非常必要　　　　B. 有必要
C. 没有太大必要　　D. 无所谓

17. 您认为开展思想政治理论课实践教学的有效环境是?(　　)(多选题)

A. 校内思想政治理论课实践教学实验实训室(或实践

教学基地）

　　B. 校外爱国主义、人文素质等思想政治理论课实践教学基地

　　C. 课堂　　　　　D. 校园

　　E. 专业课实习实训基地

　　F. 行业企业、机关事业单位

　　G. 其他社会组织

18. 您认为理想的思想政治理论课实践教学模式是？（　　）

　　A. 学生—学校联动模式

　　B. 学生—学校—社会联动模式

　　C. 学生—学校—家庭联动模式

　　D. 学生—学校—社会—家庭联动模式

19. 您认为评价思想政治理论课实践教学效果应该采用哪种模式？（　　）

　　A. 项目考核模式　　B. 过程考核模式

　　C. 项目考核为主，过程考核为辅模式

　　D. 过程考核为主，项目考核为辅模式

　　E. 其他

20. 您认为思想政治理论课实践教学目前存在的最大的问题和困难是什么？（　　）（多选题）

　　A. 学校不重视

　　B. 实践教学经费不足

　　C. 实践教学形式缺乏吸引力

　　D. 学生数量多，组织管理难度较大

　　E. 思想政治理论课教师素质低

附录3:"职业院校思想政治理论课实践教学研究"调查问卷(教师卷)及统计结果

F. 校内实践教学环境和条件不够好
G. 社会提供的实践环境和条件不足
H. 校内外各部门协同合作存在困难

21. 针对职业院校当前思想政治理论课实践教学的现状,为提高思想政治理论课教学质量,推进实践教学体系改革,您认为应当着重从哪些方面改进和加强?(   )(多选题)

A. 完善教学、师资评价机制,保证教学质量
B. 建设一支专业的思想政治理论课专业教师队伍,提升教师整体素质
C. 加大经费投入,多建校内、校外实践教学基地
D. 积极组织学生开展社会调研和社会实践,知行统一,巩固教学成果
E. 开展各种主题的实践教学活动
F. 运用新媒体技术开展网络实践教学
G. 充分发挥课堂实践的主动性
H. 其他(   )

22. 您对改善思想政治理论课实践教学有何其他建议?(填空题)

二、统计结果

第一部分：个人基本信息

1. 您的性别（　　　）

选项	小计	比例（%）
A. 男	84	31.94
B. 女	179	68.06
本题有效填写人次	263	

2. 您的年龄（　　　）

选项	小计	比例（%）
A. 30 岁以下	54	20.53
B. 30～40 岁	106	40.30
C. 40～50 岁	54	20.53
D. 50 岁以上	49	18.63
本题有效填写人次	263	

3. 您的学历（　　　）

选项	小计	比例（%）
A. 大学本科	76	28.90
B. 硕士研究生	166	63.12

续上表

选项	小计	比例（%）
C. 博士研究生	13	4.94
D. 其他	8	3.04
本题有效填写人次	263	

4. 您的学科背景（　　　）

选项	小计	比例（%）
A. 哲学	20	7.60
B. 马克思主义理论	76	28.90
C. 其他人文哲学社会科学学科	72	27.38
D. 理工科	50	19.01
E. 医科	6	2.28
F. 其他	39	14.83
本题有效填写人次	263	

5. 您的职称（　　　）

选项	小计	比例（%）
A. 教授/研究员	17	6.46
B. 副教授/副研究员	60	22.81
C. 讲师/助理研究员	110	41.83

续上表

选项	小计	比例（%）
D. 助教/研究实习员	57	21.67
E. 其他	19	7.23
本题有效填写人次	263	

6. 您任职的高校属于（　　　）

选项	小计	比例（%）
A. 三年制高职	143	54.38
B. 三年制大专	58	22.05
C. 普通本科院校	49	18.63
D. 独立本科院校	13	4.94
本题有效填写人次	263	

7. 您学校所在区域（　　　）

选项	小计	比例（%）
A. 华北	29	11.03
B. 东北	9	3.42
C. 西北	22	8.37
D. 西南	21	7.98
E. 华中	13	4.94
F. 华东	58	22.05

续上表

选项	小计	比例（%）
G. 华南	111	42.21
本题有效填写人次	263	

8. 您的政治面貌（   ）

选项	小计	比例（%）
A. 中共党员（含预备党员）	222	84.41
B. 民主党派	2	0.76
C. 群众	39	14.83
本题有效填写人次	263	

9. 您目前从事的工作（   ）

选项	小计	比例（%）
A. 思想政治理论课教学	134	50.95
B. 公共基础课教学	25	9.51
C. 专业课教学	41	15.59
D. 学生管理	41	15.59
E. 团委	3	1.14
F. 学校行政管理	19	7.22
本题有效填写人次	263	

第二部分：问卷调查

1. 您认为思想政治理论课教学应采用以下哪种模式？（　　　）

选项	小计	比例（%）
A. 理论教学为主，实践教学为辅	96	36.50
B. 实践教学为主，理论教学为辅	15	5.71
C. 理论教学与实践教学相结合	147	55.89
D. 纯理论的教学模式	4	1.52
E. 纯实践的教学模式	1	0.38
本题有效填写人次	263	

2. 您认为思想政治理论课实践教学是指？（　　　）

选项	小计	比例（%）
A. 围绕思想政治理论课教学开展的一切活动	165	62.74
B. 与理论教学相对的课外实践活动	23	8.74
C. 与理论教学相对的课内外实践活动	72	27.38

续上表

选项	小计	比例（%）
D. 专指社会实践活动	3	1.14
本题有效填写人次	263	

3. 您认为思想政治理论课实践教学的主体应该是？（　　）

选项	小计	比例（%）
A. 学生为主体	111	42.21
B. 教师为主体	3	1.14
C. 教师主导，学生参与	96	36.50
D. 学生主导，教师参与	53	20.15
本题有效填写人次	263	

4. 您如何看待实践教学在思想政治理论课教学中的作用和地位？（　　）

选项	小计	比例（%）
A. 对开展思想政治理论课教学作用极其显著、极为重要	167	63.50

续上表

选项	小计	比例（%）
B. 对开展思想政治理论课教学作用明显、比较重要	67	25.47
C. 对开展思想政治理论课教学有作用、重要	26	9.89
D. 对开展思想政治理论课教学没有作用、不重要	3	1.14
本题有效填写人次	263	

5. 您所在的学校重视思想政治理论课实践教学吗？（　　）

选项	小计	比例（%）
A. 非常重视	89	33.84
B. 比较重视	114	43.35
C. 重视	41	15.59
D. 不重视	19	7.22
本题有效填写人次	263	

6. 您对教育部颁发的《高等学校思想政治理论课建设标准》和《新时代高校思想政治理论课教学工作基本要求》中规定的实践教学学分单列怎么看？（　　　　）

选项	小计	比例（%）
A. 有必要单列，单列有利于促进思想政治理论课实践教学的实施和开展	200	76.05
B. 没必要单列，思想政治理论课本来就是理实一体化课程，不宜将理论部分和实践部分分开	55	20.91
C. 单不单列无所谓，对思想政治理论课教学没有显著影响	8	3.04
本题有效填写人次	263	

7. 您所在的学校思想政治理论课实践教学是如何设置的？（　　　　）

选项	小计	比例（%）
A. 依课程分别开展实践教学，实践教学学分单列	98	37.26

续上表

选项	小计	比例（%）
B. 依课程分别开展实践教学，实践教学学分不单列	82	31.18
C. 把思想政治理论课的实践教学统一起来，设置为一门独立课程，实行教学计划、课时、学分单列	53	20.15
D. 不清楚	30	11.41
本题有效填写人次	263	

8. 您所在的学校将思想政治理论课实践教学纳入教学计划并核定课时吗？（　　　）

选项	小计	比例（%）
A. 纳入教学计划并核定课时	197	74.90
B. 纳入教学计划但没有核定课时	31	11.79
C. 没有纳入教学计划也不核定课时	9	3.42
D. 不清楚	26	9.89
本题有效填写人次	263	

9. 您所在的学校给予思想政治理论课教师实践教学课酬吗？（   ）

选项	小计	比例（%）
A. 与理论课同等课酬标准给予课酬	154	58.56
B. 以高于理论课的课酬标准给予课酬	11	4.18
C. 以低于理论课的课酬标准给予课酬	40	15.21
D. 不给课酬	58	22.05
本题有效填写人次	263	

10. 您所在的学校有专门的思想政治理论课实践教学活动经费吗？（   ）

选项	小计	比例（%）
A. 有	110	41.83
B. 没有	53	20.15
C. 不清楚	100	38.02
本题有效填写人次	263	

11. 您所在的学校开展的思想政治理论课实践教学主题主要有哪些?（　　）（多选题）

选项	小计	比例（%）
A. 爱国主义教育、理想信念教育、道德教育、法律教育	239	90.87
B. 马克思主义理论学习实践活动、毛泽东思想和中国特色社会主义理论学习实践活动、习近平新时代中国特色社会主义思想学习宣贯活动	206	78.33
C. 改革创新、历史文化、时事政治、生态环保	170	64.64
D. 其他教育实践活动（可补充_____）	52	19.77
本题有效填写人次	263	

12. 您所在的学校采用最多的思想政治理论课实践教学具体方法有？（　　）（多选题）

选项	小计	比例（%）
A. 学校资助的各种参观考察和社会调查等	166	63.12
B. 学生自行参与的假期社会实践或者社会调查活动	183	69.58
C. 学校建立的校外思想政治教育理论课实践教学基地活动	155	58.94
D. 主题网站建设或者网络互动平台的网络实践活动	104	39.54
E. 以学生社团为引领，带动学生参与各种校内外实践活动	175	66.54
F. 演讲比赛	172	65.40
G. 辩论比赛	145	55.13
H. 课堂讨论	170	64.64
I. 其他	39	14.83
本题有效填写人次	263	

13. 您认为哪种类型的思想政治理论课实践教学最为有效和可行？（　　　）（多选题）

选项	小计	比例（%）
A. 课堂实践活动	177	67.30
B. 校园第二课堂实践活动	196	74.52
C. 校内思想政治理论课实验实训室（或实践教学基地）活动	134	50.95
D. 校外社会实践活动	195	74.14
E. 网络实践教学活动	85	32.32
F. 依托专业课开展的思想政治理论课实践教学	128	48.67
G. 其他（可补充＿＿＿＿＿）	12	4.56
本题有效填写人次	263	

14. 您认为当前思想政治理论课实践教学工作机制中存在的主要问题有哪些？（　　　）（多选题）

选项	小计	比例（%）
A. 与学生管理部门、团委、二级学院在学生思想政治教育职能上有交叉，边界不清晰，容易出现多头管理	176	66.92
B. 工作机制不健全，缺乏与学生管理部门、团委、二级学院等的联动与协同机制，实践教学开展起来互相牵制，实施有困难	170	64.64
C. 与学生管理部门、团委、二级学院等部门组织的学生活动在主题、内容、形式上有交叉和重叠	143	54.37
D. 实践教学管理制度不健全、不完善	144	54.75
本题有效填写人次	263	

15. 您认为以下哪种思想政治理论课实践教学的工作机制比较合理？（　　）

选项	小计	比例（%）
A. 赋予马院（思政部）独立开展实践教学的自主权，落实好经费、条件、环境保障，尽可能减少其他部门的参与与干预	113	42.97
B. 建立马院（思政部）与教务管理、学生管理、团委、二级学院等多部门共同参与、协作配合的大协同工作机制，共同促进思想政治理论课实践教学的开展	150	57.03
本题有效填写人次	263	

16. 您认为有没有必要建设专门的思想政治理论课实践教学实验实训室（或实践教学基地）？（　　）

选项	小计	比例（%）
A. 非常必要	127	48.29
B. 有必要	102	38.78
C. 没有太大必要	23	8.75

续上表

选项	小计	比例（%）
D. 无所谓	11	4.18
本题有效填写人次	263	

17. 您认为开展思想政治理论课实践教学的有效环境是？（　　）（多选题）

选项	小计	比例（%）
A. 校内思想政治理论课实践教学实验实训室（或实践教学基地）	195	74.14
B. 校外爱国主义、人文素质等思想政治理论课实践教学基地	227	86.31
C. 课堂	134	50.95
D. 校园	134	50.95
E. 专业课实习实训基地	85	32.32
F. 行业企业、机关事业单位	81	30.80
G. 其他社会组织	63	23.95
本题有效填写人次	263	

18. 您认为理想的思想政治理论课实践教学模式是?（　　）

选项	小计	比例（%）
A. 学生—学校联动模式	11	4.18
B. 学生—学校—社会联动模式	109	41.45
C. 学生—学校—家庭联动模式	4	1.52
D. 学生—学校—社会—家庭联动模式	139	52.85
本题有效填写人次	263	

19. 您认为评价思想政治理论课实践教学效果应该采用哪种模式？（　　）

选项	小计	比例（%）
A. 项目考核模式	20	7.60
B. 过程考核模式	22	8.37
C. 项目考核为主，过程考核为辅模式	109	41.44
D. 过程考核为主，项目考核为辅模式	111	42.21

续上表

选项	小计	比例（%）
E. 其他	1	0.38
本题有效填写人次	263	

20. 您认为思想政治理论课实践教学目前存在的最大的问题和困难是什么？（　　　）（多选题）

选项	小计	比例（%）
A. 学校不重视	79	30.04
B. 实践教学经费不足	149	56.65
C. 实践教学形式缺乏吸引力	162	61.60
D. 学生数量多，组织管理难度较大	194	73.76
E. 思想政治理论课教师素质低	27	10.27
F. 校内实践教学环境和条件不够好	113	42.97
G. 社会提供的实践环境和条件不足	119	45.25
H. 校内外各部门协同合作存在困难	131	49.81

续上表

选项	小计	比例（%）
本题有效填写人次	263	

21. 针对职业院校当前思想政治理论课实践教学的现状，为提高思想政治理论课教学质量，推进实践教学体系改革，您认为应当着重从哪些方面改进和加强？（　　　）（多选题）

选项	小计	比例（%）
A. 完善教学、师资评价机制，保证教学质量	187	71.10
B. 建设一支专业的思想政治理论课专业教师队伍，提升教师整体素质	183	69.58
C. 加大经费投入，多建校内、校外实践教学基地	201	76.43
D. 积极组织学生开展社会调研和社会实践，知行统一，巩固教学成果	185	70.34

附录3:"职业院校思想政治理论课实践教学研究"调查问卷(教师卷)及统计结果

续上表

选项	小计	比例(%)
E. 组织开展各种主题的实践教学活动	168	63.88
F. 运用新媒体技术开展网络实践教学新空间	136	51.71
G. 充分发挥课堂实践的主动性	120	45.63
H. 其他	3	1.14
本题有效填写人次	263	

22. 您对改善思想政治理论课实践教学有何其他建议?(填空题)

参考文献

[1] 马克思恩格斯全集：第3卷［M］．北京：人民出版社，1963．

[2] 列宁选集：第1卷［M］．北京：人民出版社，1995．

[3] 毛泽东选集：第2卷［M］．北京：人民出版社，1991．

[4] 毛泽东文集：第3卷［M］．北京：人民出版社，1999．

[5] 鲁洁，王逢贤．德育新论［M］．南京：江苏教育出版社，2010．

[6] 郑永廷，叶启绩，郭文亮，等．社会主义意识形态研究［M］．广州：中山大学出版社，1999．

[7] 郑永廷．现代思想道德教育理论与方法［M］．广州：广东高等教育出版社，2000．

[8] 柳礼泉．大学思想政治理论课实践教学研究［M］．长沙：湖南大学出版社，2006．

[9] 万美容．思想政治教育方法发展研究［M］．北京：中国社会科学出版社，2007．

[10] 戴钢书．高校思想政治理论课实践教学论［M］．北京：中国人民大学出版社，2015．

[11] 王茂胜．思想政治教育评价论［M］．北京：中国社会科学出版社，2006．

[12] 吕志，黄紫华．面向社会 实践育人：高校思想政治理论课实践教学探索［M］．广州：华南理工大学出

版社，2009．

[13] 陈澔注，金晓东校点．礼记［M］．上海：上海古籍出版社，2016．

[14] 中共中央文献研究室．习近平关于全面深化改革论述摘编［M］．北京：中央文献出版社，2014．

[15] 习近平．记中国共产党历史［M］．北京：中央文献出版社，2021．

[16] 习近平．思政课是落实立德树人根本任务的关键课程［J］．求是，2020（17）．

[17] 习近平．用好红色资源，传承好红色基因，把红色江山世世代代传下去［J］．求是，2021（10）．

[18] 习近平．把思想政治工作贯穿教育教学全过程 开创我国高等教育事业发展新局面［N］．人民日报，2016－12－09．

[19] 习近平．用新时代中国特色社会主义思想铸魂育人 贯彻党的教育方针落实立德树人根本任务［N］．人民日报，2019－03－19．

[20] 汪馨兰．高校思想政治理论课实践教学研究［D］．成都：电子科技大学，2013．

[21] 曹水群．思政课网络实践教学及其优势发挥［J］．高教学刊，2018（17）．

[22] 牛素珍，牛彦平．中医药文化融入思想政治理论课教学改革探讨［J］．河北青年管理干部学院学报，2020（6）．

[23] 张桂芝，秦国民，尹吉成，等．医学院校思政课实践教学模式探索［J］．教书育人（高教论坛），2015（9）．

[24] 于春梅,潘贺男,王春梅. 高校思想政治理论课实践教学基地共建共享 [J]. 齐齐哈尔大学学报(哲学社会科学版), 2020 (11).

[25] 曹顺,丁志卫. 高职院校思想政治理论课实践教学探析 [J]. 教育与职业, 2019 (11).

[26] 何益忠,周嘉楠. 思政课实践教学:概念辨析与体系创新 [J]. 中国高等教育, 2020 (6).

[27] 刘勇. 高职院校思政课实践教学可行性探究 [J]. 思想教育研究, 2013 (10).

[28] 张艾青. 立足高职人才培养 深化实践教学改革 [J]. 北京教育·德育, 2014 (1).

[29] 任庆大,赵长芬,房霞. 传承红色基因 打造育人品牌:临沂大学以红色文化资源铸魂育人纪实 [J]. 山东教育(高教), 2019 (4).

[30] 广东轻工职院. 把思政小课堂同社会大课堂结合起来 画好学生思想成长"同心圆" [N]. 中国教育报, 2019-06-25 (10).

[31] 钟利红,唐晶晶. 高职高专思政课实践教学与专业实训叠加教学模式探索 [J]. 山西财经大学学报, 2010 (S2).

[32] 李邢西. 高校思想政治理论课实践教学考核评价机制构建研究 [J]. 思想教育研究, 2017 (1).

[33] 杨国辉. 论思想政治理论课实践教学评估的审视与反思 [J]. 思想教育研究, 2017 (1).

[34] 陆启威. 深度学习中教与学的关系 [N]. 中国教师报, 2021-03-17 (6).

后　　记

　　本书是教育部人文社会科学研究一般项目——2017年度高校示范马克思主义学院和优秀教学科研团队建设项目"职业院校思想政治理论课实践教学研究"（17JDSZK015）的研究成果，也是项目组多位成员集体合作、共同努力的劳动成果，是项目组成员在思想政治理论课教学第一线长期实践探索的经验和智慧的结晶。

　　习近平总书记指出，思想政治理论课是立德树人的关键课程，思想政治理论课教学意义深远、责任重大，思想政治理论课教师任务艰巨、责无旁贷。多年来，我和项目组全体成员怀着巨大的责任感和使命意识长期坚守在思想政治理论课教学的第一线，在思想政治理论课教学领域深耕不辍、不断探索，致力于探索出关于思想政治理论课实践教学的科学理论、指导思想、教学模式和科学方法。在此过程中，不断有各种理论问题浮现出来需要做以解释。比如，什么是实践教学？怎样理解实践教学中的实践？实践教学的主体是谁？实践教学中教师与学生的关系如何？实践教学与理论教学的关系如何？思想政治理论课实践教学与其他课程特别是专业课程的实践教学有什么区别？职业院校思想政治理论课实践教学与普通院校思想政治理论课实践教学又有什么区别？这些问题长期萦绕在我们脑中，不断刺激我们对这些问题进行思考探究，也让我们在深入思考的过程中厘清思想迷雾，对职业院校思想政治理论课实践教学的性质、任务、内容、要求有了更加明晰的认识，这些认识对我们的具体工作起到了很好的指导作用，让我们在开展实践教学时思路更加清晰、方向更加明确、教学目标更加准确。同时，也不断有各种具体操作层面的问题需要解决。比如，实践教学的课程设置问题，将实践教学作为一门课程单列还是与思想政治理论课各课程结合不单列？实践教学的方法问题，针对不同的课程、不同的理论教学内容，采取哪一种教学方法更合理有效？实践教学的组织实施问题，如何破除部门壁垒、校企壁垒、校社壁垒、课程壁垒带来的障碍，构建协同育人的实践教学模式？实践教学的环境建设和利用问题，如何充分利用校外思想政治理论课课程资源，更好地开展思想政治理论课实践教学？校外基地如何共建，如何利用？如何利用红色资源开展思想政治理论课实践教学？如何加强行业企业在思想政治理论课实践教学中的参与度，充分发挥行业企业的作用，实现校企协同育人？如何充分利用职业院校所具有的行业企业资源开展实践教学，以彰显职业院校思想政治理论课实践教学特色？如何加强和推进校内思想政治理论课实践教学基地建设？如何进行思想政治理论课实践教学形式和方法创新？如何利用新智能、新技术、新应用开展实践教学？等等。通过本项目的研究，这些问题在本书中都得到了一定程度的解答，既解决了我们的思想困惑，也为我们进一步开展实践教学工作提供了方向和思路。

希望我们本次的研究成果能对从事思想政治理论课教学工作的教师、从事学生思想政治教育工作的人员、从事学校思想政治教育工作研究的学者以及关注思想政治理论课教学和关心学校思想政治工作的企业、社会人员提供一些资料和参考，同时也对职业院校加强和推进思想政治理论课实践教学建设提供理论借鉴和思想指导。

本著作是集体劳动的成果。写作提纲编写、结构设计、章节编排、内容组织等由王小卫统筹安排，并由其完成最终的统稿和定稿。著作内容的具体写作安排如下：导论、第一章、第二章（王小卫），第三章（郜会远），第四章（李雪婷），第五章（王小卫、赵芳），第六章（卢海标），第七章（杨中艳），问卷调查报告（林丽群）。

本著作的出版得到了中山大学出版社王天琪先生的具体指导、大力支持和帮助，也得到了金继伟先生的大力协助，在此表示衷心的感谢！

由于作者的研究能力和学术水平有限，我们对问题也只是做了粗浅的思考，研究还不够深入、细致和全面，还需读者朋友们给予批评和指正。

王小卫

2021 年 6 月 13 日